UFO事件、女児国、水怪、
ヒト型未確認生物……

中国
封印された超常現象
隠蔽工作に関与した
第091気象研究所

妙《みゃお》佛《ふぉ》 著

ナチュラルスピリット

中国

封印された超常現象

隠蔽工作に関与した
第 091 気象研究所

はじめに

私はかつて十年以上、中国で暮していた。

私の周囲には超常現象について異常なまでに精通した中国人が何人かいた。私は彼らの情報源についてすべてを知っているわけではない。ただし彼らの話から推測すれば、中国にはあらゆるジャンルにおいて広範囲に及ぶ情報交換のネットワークがあり、そうしたネットワークを通じて、国家機密に類するような思いもよらない情報すら入手できるようなのだ。

私が住んでいたのは上海《しゃんはい》であるが、彼らの話題は、情報統制が厳しいと言われているチベットや新疆《しんきょう》の事情にも及んでいた。政府内部の話題も少なくなかったから、情報提供者の中には共産党の幹部もいるのだろう。

ネットの記事やテレビの報道では得られない情報。私はそうした情報に接することをいつも楽しみにしていた。

あるとき彼らの会話の中に「第０９１気象研究所」という言葉が現れた。その場にいた誰もがその名称を知っていた。私以外は。

そこで私は第091気象研究所とは何かと訊ねた。私は勝手に日本で言えば気象庁の下部組織のようなものだろうと思っていた。しかし彼らの答えは意外なものであった。

第091気象研究所は超常現象の調査を行う政府の特務機関だというのだ。そして、このくらいのことは常識だというのである。

ネット上にも情報があるから見てみろと言われたので、私は後日、「第091気象研究所」を検索してみた。すると、第091気象研究所に関する無数の情報がヒットしたのである。

ネット上の情報は玉石混交《ぎょくせきこんこう》であり、中には明らかに誤りであると思われる記事もあったが、あらかじめ聞いていたとおり、中国全土で有名になった超常現象にはほぼ例外なく第091気象研究所が関与しているとのことであった。

第091気象研究所の調査対象は実に多様だ。主要なUFO事件、中国各地のUMA（未確認動物）、怪奇現象、怪事件の数々が調査されてきたというのだ。

こうした情報がインターネットで拡散されたため、第091気象研究所は現在では別の名称に変更されてしまったと言われている。しかし現在の名称は明らかにされていない。なぜなら、名称はもちろん、その存在自体が国家機密に属するからである。

現在の名称が秘匿されているため、本書では、従来の「第091気象研究所」という名称を用いることをお許しいただきたい。

なお、ルビ（ふりがな）は、中国語をカタカナにしても方言などもあるので結局不正確になってしまうことから、一部の例外を除いてひらがなで統一したことをお断りしておく。

二〇一九年九月

著者記す

『中国 封印された超常現象』◉もくじ

第1章 **謎の特務機関**★第091気象研究所とは——13

第2章 湘西三邪★怪奇現象のるつぼで起こったこと

第3章 長白山の水怪★中国ＵＭＡの代表的存在 ―― 71

謎の特務機関

第091気象研究所とは

第1章

長年、超常現象に相対してきた中国の特務機関

特務機関というと、通常はスパイ活動を行う組織をイメージしがちである。しかし中国の特務機関は、スパイ活動と並行して、超常現象の調査を行うのが通例である。これにはもちろん理由がある。

実は中国の特務機関には長年、超常現象に相対してきた歴史があるのだ。記録に残る特務機関としては、明代の西廠《せいしょう》が有名である。「西廠」の文字は歴史書『明史』の本紀第十一・憲宗《けんそう》の時代に現れる。

憲宗（在位一四六四年から一四八七年）の時代以前の明王朝には、情報収集機関として錦《きん》衣衛《いえ》、東廠《とうしょう》という二つの組織が存在していた。しかし憲宗の時代には、どちらの組織も官僚たちの怠慢により、機能不全に陥っていたのだ。

憲宗の在位期間中に北京で超常現象が頻発し、宮廷内部には超能力者が侵入して人心を掌握し、官女と密通するなど、風紀を乱す怪事件が発生した。錦衣衛も、東廠も、この事件を事前に察知することができなかった。憲宗は従来の特務機関の能力を疑問視し、新たに皇帝直属の特務機関として、西廠を成立させたのである。

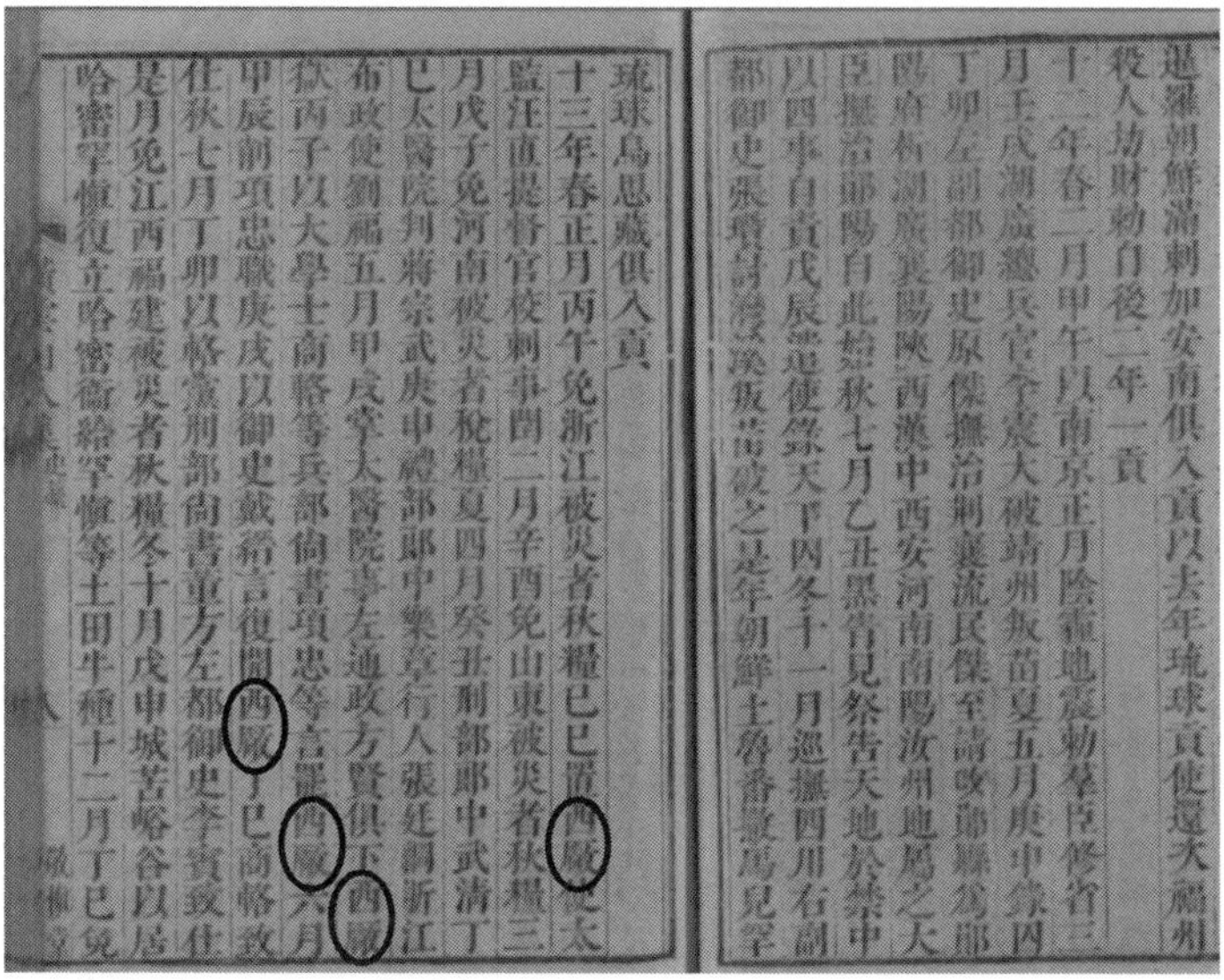
暹羅朝鮮滿剌加安南俱入貢以去年琉球貢使還大掠州
殺人劫財勅自後二年一貢
十二年春二月甲午以南京正月陰霾地震勅群臣修省三
月壬戌湖廣鄖襄兵官平虜大破靖州叛苗夏五月庚申録囚
丁卯左副都御史原傑撫治荊襄流民傑至請改鄖縣爲鄖
陽府析湖廣襄陽陝西漢中西安河南南陽汝州地爲之大
置撫治鄖陽自此始秋七月乙丑黑眚見祭告天地於禁中
以四事自責戊辰遣使録天下囚冬十一月巡撫四川右副
都御史張瓚討擾溪叛苗破之是年朝鮮土魯番撒馬兒罕

琉球烏思藏俱入貢
十三年春正月丙午免浙江被災者秋糧己巳置西廠太
監汪直提督官校刺事閏二月辛酉免山東被災者秋糧三
月戊子免河南被災者稅糧夏四月癸丑刑部郎中武清丁
巳太醫院判蔣宗武庚申禮部郎中樂章行人張廷綱浙江
布政使劉福五月甲戌革太醫院事左通政方賢俱下西廠
獄丙子以大學士商輅等兵部尚書項忠等言罷西廠六月
甲辰前項忠職庚戌以御史戴縉言復開西廠丁巳商輅致
仕秋七月丁卯以幣藏刑部尚書董方左都御史李賓致仕
是月免江西福建被災者秋糧冬十月戊申城苦峪谷以居
哈密罕慎復立哈密衞給罕慎等土田牛種十二月丁巳免

歴史書『明史』に現れる「西廠」の文字

西廠は、事前に皇帝の許可を得ることなく、大臣ですら逮捕することを許された強大な権限を持つ特務組織であった。

超常現象がきっかけとなって設立された組織であるから、西廠の重要な任務の中に超常現象についての情報収集が含まれていたことは言うまでもない。

遅くとも西廠が設立された時点で、中国の特務組織が超常現象、怪奇現象に対して敏感なアンテナを張る伝統が確立したのである。

ただし西廠が設立されるきっかけになった事件は、国家の存亡にかかわるような重大事件ではなかった。せいぜい宮廷内の風紀を乱す程度の事件だったのである。

秦の始皇帝の奇行の背景にあった二つの怪奇事件

中国の国家権力にとって、超常現象は、もっと重要な意味を持っている。それは王朝滅亡を示唆する超常現象である。中国史上、王朝滅亡の予兆とされる超常現象、怪奇現象はいくつも記録されている。

例えば、秦滅亡の予兆とされる「隕石事件」だ。司馬遷の『史記・秦始皇本紀《しんしこうほんぎ》』にはおおむね次のように記されている。

秦始皇帝三十六年。東郡（現在の河北省、山東省の一部）に隕石が落下した。その隕石に何者かが次のような文字を刻んだ。

始皇帝死而地分

このことを知った始皇帝は、ただちに東都に役人を派遣して文字を刻んだ人物を捜索したが、犯人を発見することはできなかった。怒った始皇帝は、隕石落下地点の住民たちを殺し尽くしてしまった。

隕石の落下自体は単なる自然現象である。しかしその隕石に文字が刻まれていたとなると、それは天からのメッセージを意味する。そのメッセージ「始皇帝死而地分」は、始皇帝の死と秦の滅亡を示唆するものだ。

始皇帝はこれを人為的な情報操作であると主張した。そう主張しなければ、隕石の文字は「天命」ということになり、自分自身の権威に傷がつくからである。

司馬遷も「何者かが文字を刻んだ」と記している。しかしそれは、何百年も後からの解釈であり、誰かが文字を刻んだという証拠があるわけではない。

始皇帝は内心では隕石の文字を天命であると考えていたようである。どうして始皇帝の内心がわかるのか。それについては、後に述べるとして、その前にもうひとつの怪奇現象を紹介しよう。

隕石事件のあった年の秋。華陰という土地の夜道を秦の使者が通過しようとしていた。そのとき、突然闇の中からひとりの男が現れ、使者に玉璧を手渡して、次のように言った。

「今年祖龍死」

使者は、どういうことだ、と尋ねたが、男は何も言わずに闇の中へ消えてしまった。

帰国した使者は、この一件を始皇帝に報告し、受け取った玉璧を差し出した。その瞬間、始皇帝は「祖龍」とは自分自身のことであると悟ったようである。なぜなら使者が差し出した玉璧に見覚えがあったからだ。

玉璧は、玉で作られた装飾品であると同時に、呪物である。単に飾り物として鑑賞されるだけではなく、魔除けとして使われたり、祭祀に用いられたりする。

始皇帝が受け取った玉璧は、十年前に水神を祀るために河に投げ込まれた玉璧とそっくりであった。後に祭祀を司る役所に鑑定させたところ、間違いなく十年前に始皇帝自身が河に投げ込んだ玉璧であると確認されたのである。使者に玉璧を手渡した男は間違いなく鬼神である。そうでなければ大河に放たれた玉璧を返しにくるはずがない。

鬼神が「今年祖龍死」というからには、自分は一年以内に死ぬ運命である。

始皇帝はこの一件だけではなく、隕石の件も含めて、事の真相を占わせた。

その結果、凶事を避けるためには、国内巡幸を続行することが必要と出たのである。

始皇帝の国内巡幸は有名な史実である。『史記・秦始皇本紀』によれば、始皇帝は中国を統一した直後から巡幸を始めている。

その目的は、全国に皇帝の権威を知らしめるためであるとか、巡幸のための道路整備をさせることでインフラを整えるためであるなどと解釈されている。

しかし始皇帝は生涯に三度も暗殺未遂事件を経験している。暗殺を極度に恐れていた始皇帝がなぜ巡幸などという危険な行事を続行したのか。ふつうに考えれば理解できない奇行としか言いようがない。

この謎を解く鍵こそが、占いの結果なのである。始皇帝にしてみれば、秦王朝の滅亡を示唆する怪奇現象は、暗殺の危険よりも恐ろしい天の啓示だったのである。

つまり始皇帝自身は超常現象を天意であると信じていた。ただし、そのことを知られてしまうと自分自身の権威に傷がつく。そこで対外的には超常現象を否定し、動揺を悟られないように隠蔽したのだ。

これが中国の為政者の超常現象に対する基本的な姿勢である。

明朝の滅亡を予言した石碑の文字

王朝滅亡を示唆する超常現象は、その後の中国史にも登場する。

例えば、秦の隕石事件を彷彿とさせる事件として、明代の石碑発掘事件が有名である。

崇禎十六年。貴州省から湖南省へ続く官道の整備工事が行われていた。

その工事現場から古い石碑が発掘されたのである。その石碑にはたった二行の文章が刻まれていた。

東也流　西也流　流到東南有尽頭
張也敗　李也敗　敗出一个好世界

古い時代の石碑は、大衆に向かって何かを表現するためのメディアである。ところが発掘された石碑の文章は、あまりにも不可解な文字列であり、何を意味しているか理解できない。

このような石碑は、尋常なものではないとみなされた。何らかの神意を伝える暗号の可能性があるからだ。

石碑の発見が吉兆であるか凶兆であるか、当時は定かではなかった。結局、この事件は明が滅亡するまで隠蔽されていたのだ。

明の滅亡後にこの事件を知った中国人は驚愕する。

なぜなら、意味不明に思われた文字列は、明朝の行く末を物語る予言になっていたからだ。

一行目を意訳すれば、「東にも西にも流浪し、南東で滅亡する」という意味になる。これは明の末期に皇室が戦火を避けて流浪し、中国の南東に追いやられた後に滅亡した歴史的事実と符合する。

二行目は、「張も敗北し、李も敗北し、素晴らしい世界が誕生する」という意味になる。これは、明末の民衆蜂起の首謀者である張献忠《ちょうけんちゅう》と李自成《りじせい》が敗北した後に、清が中国を統治し、再び天下泰平となった史実と符合するのである。

王朝の末期には、王朝の滅亡を示唆する超常現象が観測される。これが中国史の常識である。だから中国の権力者は超常現象を恐れてきたのだ。

自然石の表面に浮かび上がる「中国共産党亡」の文字

超常現象は民心を惑乱するだけではない。人知を超えた現象は、神意、天命として、皇帝の権威を凌駕する。

超常現象の噂がきっかけとなり、王朝滅亡の歯車が動き始める可能性もないとは言い切れないのが、中国という国の国柄なのだ。

だから中国の権力者は、超常現象について調査し、情報を隠し、あるいは都合の良い情報に加工して流布する必要があった。

この伝統が現在の中国の特務機関にも引き継がれている。

国内で情報収集を行う工作員は、常に超常現象、怪奇現象に対して敏感なアンテナを張っているという。

石に刻まれた文字を恐れるなど、遠い昔の迷信だと笑い飛ばすことはできない。現代の中国でも同じような現象が発生しているのだ。

それは貴州省平塘県で発見された二億七千年前の「蔵字石《ぞうじせき》」に浮かび上がった文字だ。自然石の表面に「中国共産党亡」の文字がはっきりと見える。

言うまでもなく「中国共産党亡」は、中国共産党の解体を示唆する文字列だ。このような現象は、中国史の前例によれば、共産党の支配体制が崩壊する予兆ということになる。

この情報は日本のウェブサイトでも読むことができる。さらに情報統制が厳しい中国国内のウェブサイトでも読むことができる。

ただし、両者には違いがある。

日本のウェブサイトには「中国共産党亡」という文字が刻まれていると紹介されているが、中国では最後の「亡」が削られた情報が拡散されている。そしてこの超常現象は、神が中国共産党を讃えている証拠であるかのように宣伝されているのだ。

現代の中国政府も超常現象を監視し、情報を操作することによって、政権維持の材料とし

（上）中国のウェブサイトでは「亡」の文字が修正されている
（下）日本のウェブサイトでは「亡」の文字が読める

て利用しているのである。そしてその国家の意図を遂行する組織こそが第091気象研究所なのだ。

第091気象研究所の任務とは

第091気象研究所の任務は大きく分けて三つあるとされている。

ひとつは社会に大きな影響を及ぼす可能性がある怪事件の実態調査である。

特に超能力者や霊能力者の関与が疑われる事件は徹底的に調査される。

中国人には聖人や仙人を待望する潜在意識が植え付けられているため、超能力者や霊能力者が注目され、その言動が民衆の行動に影響を与えるようになることを警戒する必要があるからだ。

日本ではあまり知られていないが、中国の農村には必ずと言ってよいほど、霊能力者または超能力者が存在する。こうした人物たちは仙姑《せんこ》、仙娘《せんじょう》、仙婆《せんば》、道師、風水先生などと呼ばれる。地域によっては蠱婆《こば》などと呼ばれる場合もある。

こうした人物は中国では特に珍しい存在ではないので、一般的には社会に対して大きな影響力を持つとは言えない。しかし彼らの言動が重大な事件を引き起こすこともある。

例えば二〇一四年五月に河南省《かなんしょう》魯山《ろざん》で発生した風水鏡事件は中国全土の注目を浴びた。風水鏡事件とは、河南省魯山県の北東に位置する北郎店村《ほくろうてんそん》という小さな村で発生した大量殺人事件である。

二〇一四年五月二十一日の深夜、北郎店村の風水師Ｘ（女性）は、激しい犬の鳴き声で目を覚ました。しばらくすると犬の鳴き声が止み、自宅の門に石を投げつける音が聞こえてきた。Ｘが密かに外を見ると、ひとりの男が門に向かって石を投げつけていた。顔を見ると、同じ村の住人Ｌであった。

腹を立てたＸは門を開けてＬを怒鳴りつけ、犬をけしかけた。

Ｌは逃走したが、しばらくするとまた引き返してきて、同じことを繰り返した。Ｘが門を開けると、Ｌはまた逃げ去った。

ところが、しばらくするとＬはまた引き返してきて、門を壊し始めた。Ｘが門を開けるとＬは再び逃げ去ったので、Ｘは同居の男性と一緒にＬの後を追った。

結局ＸはＬの自宅前まで追いかけ、家に逃げ込んだＬに抗議したが、何の返答もなかった。どうしようもなくなったＸは、警察を呼んだ。このとき、時刻は午前三時前後だったという。

警察を呼んだＸの判断は正しかった。実はこのときＬはすでに子供三名を含む七名を殺害し、一人に重傷を負わせていたのである。

このような風水鏡が市販されている（中国のウェブサイトより）

　ＬがＸ宅の門に石を投げつけたのは、Ｘをおびき出して殺害するためであった。しかしＸは男性と犬を連れて外に出たため、難を逃れたのである。

　なぜＬは大量殺人に手を染めたのか。なぜＸを殺害しようとしたのか。それにはひとつの風水鏡がかかわっていた。

　風水鏡は香港などで非常に普及している風水を改善するための鏡である。

　風水鏡には凹面、凸面、平面などの種類があり、どの鏡を選ぶか、どこに鏡を設置するかについて、高度な専門知識が必要である。

　殺人事件が起こる以前に、被害者は自宅の正門に風水鏡を設置していた。

　このことにより被害者一家の運気は上

昇するが、反射的に別の土地の運気を害する可能性がある。

Lは自分の生活水準が向上しないのは、この風水鏡が原因だと判断した。そこで鏡を外すよう要求したが、被害者は応じなかったという。

このことが殺害の動機であった。

Xが狙われたのも同じ理由からである。

風水鏡の設置は素人判断では不可能である。村で唯一の風水師であるXが風水鏡の設置をそそのかしたはずだ。そう考えたLは大量殺人のターゲットの中にXも加えていたのである。

風水をめぐる似たような事件は他にも起きている。

二〇一四年には山東省で、一家皆殺し事件が発生している。

事件のきっかけは、犯人の息子の自殺である。犯人の息子は事件の前年に結婚したが、その直後に自殺してしまった。その後、新妻は実家に戻っている。

息子の結婚という慶事の直後に、息子の自殺。まさに天国から地獄への転落である。

犯人は突然訪れた不幸の原因を究明すべく、算命《さんめい》先生（占い師）に占いを依頼した。

隣家が造った壁が風水を悪化させたことが息子の自殺の原因だ。

これが算命先生の出した結論である。

このことに腹を立てた犯人は隣家の家族四人を皆殺しにしたのである。

風水と中国政府の関係とは

中国では、風水をめぐる重大事件が起きるたびに、風水は迷信であるという論評が大量に拡散される。中国政府が風水は迷信であると積極的に宣伝しているのだ。

しかしこれには裏があると言われている。

中国政府は一方で風水は迷信であると断じながら、もう一方では風水に配慮しながら政府の重要な施設を建造しているからである。

風水と中国政府の関係については、封門村《ふうもんそん》事件を紹介する際に再び詳しく論じることとする。

現在の段階では、次の点を強調しておきたい。

ひとつは、風水が中国社会に強い影響力を有していること。もうひとつは風水に関連する事件が公表されると即座に風水は迷信であるというメッセージが流出することである。

これらのポイントと第０９１気象研究所の任務は無関係ではない。

風水事件が発生すれば、事件の背景は徹底的に調査される。本当に風水の影響があったのか、風水の影響があったとすれば、それは従来の風水理論と整合するのか。第０９１気象研究所の専門官が情報を収集し、記録し、分析する。そしてその結果は国家が独占するのである。分析結果がどうであろうと公式の発表は常に同じである。

風水は迷信だ。

もうおわかりだろう。第０９１気象研究所のもうひとつの目的は、超常現象に関する情報の管理と独占なのである。

そして情報管理の延長線上には、情報操作と世論のコントロールがある。

中国共産党の基本姿勢は迷信打破である。

あらゆる超常現象は迷信であり、非科学的であると宣伝している。この活動を「辟謡《ピーヤオ》」という。

辟謡の手段は巧妙である。

政府機関の公式な見解として超常現象を否定するのは当然だが、テレビ番組であえて超常現象を取り上げ、最終的には超常現象がトリックであったり、自然現象であるとの結論で締めくくるのが常套手段である。

さらに個人ブログを装って迷信批判の記事を拡散させているという情報もある。

また、超常現象の噂が全国規模に広がった場合には、その事件をモデルにしたネット小説をアップロードしたり、ドラマ化、映画化することもあると言われている。

このことにより、超常現象の噂は、もともとは小説であったとか、ドラマであったと思い込ませるのである。

つまり、オリジナルの事件と物語の創作の前後関係を反転させて、実際に起きた超常現象を想像の産物だと誤認させるように仕向けているのだ。

言うまでもなく第０９１気象研究所をモデルにしたネット小説も中国のウェブサイトには広く拡散している。

中国ではネット小説を勝手にコピーしてアクセスを稼ぐ行為が横行している。ネット小説をアップロードすれば、百を超えるサイトが一斉にコピーをする。この結果、急速に拡散し、本当にあった事件は、いつのまにかフィクションであると認識されてしまうのだ。

このように、あらゆる手段を使って超常現象を隠蔽する一方で、矛盾する活動も行われている。

その代表例が毛沢東にまつわる超常現象の扱いである。

中国には毛沢東が死亡したとき、故郷の池にいた多くの観賞魚が一斉に死滅したとか、毛沢東の銅像がまるで意思を持つかのように動いたという話がある。

一方で迷信打破を党是としながら、もう一方では都合の良い超常現象の噂を流す。

これは超常現象に関する情報の管理であり、民衆をコントロールする企ての一手段なのである。このようにして中国共産党を守り、ひいては共産主義体制を堅持する。これこそが第091気象研究所の三つめにして最大の任務なのである。

超常現象を信じる中国人。その心を支配するための組織。

第091気象研究所の任務がどのようなものか、十分におわかりいただけたと思う。

第091気象研究はいつ設立されたのか

現在の第091気象研究所は人民解放軍内部の組織であると考えられているが、組織の詳細は謎に包まれている。陸軍に属するのか、空軍に属するのか、海軍に属するのか。それすら不明なのである。

ただしまったく情報がないわけではない。特務機関内部の人物がリークしたと思われる情報にわずかながら触れることができるのである。

そうした中に第091気象研究所が誕生するきっかけに関する情報がある。

第091気象研究所の設立は、中華人民共和国建国以前に遡《さかのぼ》るらしい。

共産党政権が成立する以前の中国では、共産党軍と国民党軍が内戦を繰り広げていた。

国民党は南京に国民政府を成立させたが、中国共産党は南京を攻略し、国民党が残した機密文書を入手した。

その機密文書の中に超常現象を調査する特務機関の情報が含まれていたのである。

その情報に接する以前の共産党軍には、超常現象を調査する組織は存在しなかった。しかし国民党軍の機密資料を見た中国共産党の幹部は、超常現象の重要性を認識し、軍内部に超常現象を調査する特務機関を設立した。この特務機関が第０９１気象研究所の前身なのである。

この経過からもわかる通り、蔣介石は中国の特質を十分に認識していた。中国を支配するためには、超常現象についての情報を収集し、管理しなければならないのだ。

共産党はこの点で認識を誤っていた。唯物論に支配されていた共産党は、超常現象を軽視していたのである。

しかし国民党の資料を検討した結果、超常現象を管理し利用することが、中国という国を支配するためには不可欠であるとの結論に達したのである。

中国共産党は柔軟であった。表向きは唯物論を掲げながら、裏では超常現象の調査を開始したのだ。この柔軟さはどこからきたのか。

ある人物の説によると、国民党軍の資料の中に、超常現象の存在を確信せざるを得ない情報が多数含まれていたからだという。

そうした情報の中には超能力者に関する極秘資料が含まれていた。このことが後の第０９１気象研究所の活動に非常に大きな影響を与えたと言われている。

なぜ、超能力者を国家組織に囲い込むのか

中国に共産党政権が成立したのちも、前述の特務機関は人民解放軍内部の秘密組織として活動を継続した。

第０９１気象研究所というコードネームが使われるようになったのは、共産党政権成立以後だと言われている。

国内が安定を取り戻すと、第０９１気象研究所は中国全土で超能力者の探索に乗り出した。

中国には昔から仙人、仙娘などと呼ばれる超能力者が存在した。

仙人というと不老長寿をイメージしがちであるが、実際の仙人は単なる健康な高齢者などではなく、今日の言葉でいえば超能力者なのである。

空中浮揚や瞬間移動を行い、自然エネルギーを吸収して飲食を断つことができる。優れた予知能力を発揮するケースもあったようだ。

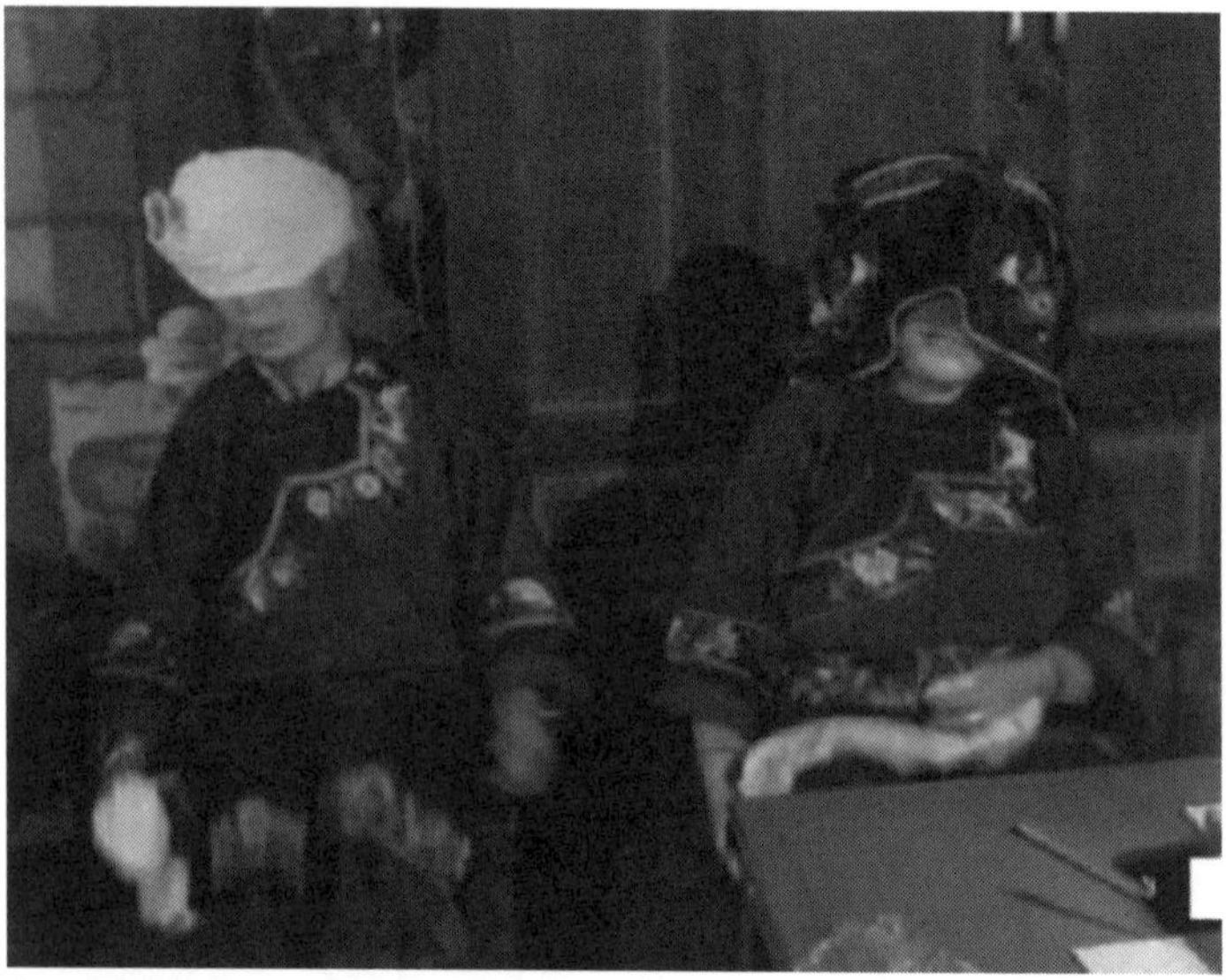
今でも中国の農村には不思議な能力を持つ仙娘がいる（中国のウェブサイトより）

さらに中国には気功師、千里眼、順風耳《じゅんぷうじ》などと呼ばれる異能力者が存在する。

気功師は現代科学がいまだに解明していない未知のエネルギーである「気」を操る能力をそなえた異能力者である。

日本のテレビにもたびたび登場しているのでご存知の方も多いであろう。中国ではパーティーの場などで気功ショーが披露されることもあるくらいポピュラーな存在である。

気功師は異能力者と常人の中間的な存在であり、特に珍しい存在とまでは言えない。

千里眼は、もともとは非常に遠くを見ることができる神の名前である。そこから転じて人間離れした視力を持つ異能力者を千里眼と呼ぶ。

順風耳は遠くの音を聞き取る能力を持つ神の名前である。中国では千里眼と順風耳は仁王門の阿吽《あうん》と同様に、ペアの神として崇められている。人間を順風耳と呼ぶ場合は、並外れた聴力を持つ異能力者を意味する。

このほかにも透視能力や治癒能力を持つ超能力者などが存在する。

さらに経絡敏感人間という特異体質の人物も広い意味での超能力者に含まれる。

第０９１気象研究所は中国各地の超能力者、異能力者を探し出し、必要に応じて組織の構成員に加えたと言われている。

なぜ超能力者を組織の中に囲い込んだのか。

その理由は明らかである。

ひとつは、超能力者を管理するためだ。

超能力者は国家権力にとっては脅威になりうる。実際に清代の中国では白蓮《びゃくれん》教徒が朝廷に歯向かい、治安を乱した。

日本の歴史教育では、白蓮教徒を宗教団体のように教えているが、その実態は単純ではない。特に清代の白蓮教徒は、今の言葉でいえば「妖術使い」の代名詞であり、宗教的に一定のバックグラウンドを持つ人たちを指す言葉ではなかった。

平安時代の陰陽師は式神を用いたと言われているが、清代の白蓮教徒も同じような呪術を用いたのである。紙で兵馬を作り、朝廷に反抗する。白蓮教徒とはそのような集団だ。清代にはそう信じられていたのである。

潜在的な脅威である超能力を放置するのではなく、国家の組織の中に囲い込む。

これが第091気象研究所の方針である。

ただし、それだけが超能力者探索の理由ではない。

餅は餅屋。それが最も重要な理由である。

どういうことか。日本の事情を例に挙げながら説明しよう。

日本では霊象の鑑定は霊能力者が行うと相場が決まっている。

例えば心霊写真の真贋を判定する場合に、最終的には霊能力者による判断が不可欠だ。科学的な分析はフェイク写真を見抜くことはできても、自然現象と霊象を区別することはできないからだ。

科学的な分析によって、フェイク写真ではないと判断された亡霊の像が、実は単なる樹木の陰影であることも少なくない。偶然に生まれた虚像なのか霊象なのか。それは写真に籠《こも》る念をとらえることができる霊能力者にしか判断できない。

それと同じように、超能力や超常現象の分析は、科学的な手法だけでは不十分なのである。

例えば気功師とマジシャンの区別は難しい。科学者が検証してもマジシャンに欺《あざむ》かれることは少なくない。

しかし本物の超能力者の目から見れば、本物とトリックの違いは一目瞭然なのだ。

超能力者を囲い込むことは、超常現象の分析を行うために、必要不可欠な準備活動だったのである。

大きな課題のひとつは宇宙人問題

中国の国家権力が超常現象に関心を持つ理由は、政権にとって都合の悪い超常現象を監視下に置き、情報を管理統制する必要があるからだ。

第０９１気象研究所の最大の任務も中国共産党政権の護持であり安定であった。

しかし現在の第０９１気象研究所の役割は大きく拡大し、変容しているという。

それには中国の国内事情が関連している。

現在の中国では、超能力者や超常現象が共産党政権を揺るがす可能性は低下し、政権基盤の安定化との関連では、少数民族問題に焦点が移っている。

その一方で、新たな課題が生じているという。それは中国共産党だけの問題でもなく、中国という一国だけの問題でもない。

第091気象研究所は、中国全土で超常現象を調査するうちに、地球外の知的生命体の存在を把握したというのだ。しかも中国の各地で、宇宙人と人類との接触が頻発しているというのである。

宇宙人の登場により、超常現象の意味は大きく変化した。

従来は、超常現象が共産党政権の脅威にならないように管理すればよかったのだが、宇宙人に関しては、宇宙人の意図が不明なうえに、人類の常識が通用しない。

現在の第091気象研究所にとって、宇宙人問題は最大の課題のひとつなのである。

組織設立の直後には存在しなかった課題は他にもある。

中国にはあまりにも多くの呪術や怪異が存在する

日本には恐山《おそれざん》の「いたこ」のように全国的に知られた怪異が存在する。いたこは単に有名なだけではなく、長い歴史を持つため、日本人の心の中に確固とした存在感を確立している。

これと同じように中国にも昔から信じられている怪異が存在する。

しかし超常現象を否定している共産党政権は、全国的に有名な怪異や呪術を迷信として葬り去りたいと考えている。

古くから信じられている超常現象には必ずそれなりの理由があるのだが、第０９１気象研究所は超常現象の核心部分を調査し、情報を独占しながら、表向きは超常現象を否定して民衆を「啓蒙」しようと企てているのだ。

広大な中国にはあまりにも多くの呪術や怪異が存在する。第０９１気象研究所はそれをしらみつぶしに調査し、迷信打破の活動を行っていると言われている。

本書では、こうした活動の中でも特に有名な湘西僵屍《キョンシー》と陰婚について紹介する。

社会に与える影響が大きい未確認生物の目撃情報

中国各地では、ありとあらゆる超常現象が現在進行形で発生している。

ネット社会となった中国では、超常現象の情報は瞬く間に全国に拡散される。

その多くは、季節外れの花が咲いたというような小さな話であり、共産党政権を揺るがすようなものではない。

しかし広く拡散される情報が、民衆の恐怖心をあおるようなものであったり、国内の産業に打撃を与えるようなものである場合には、第０９１気象研究所が介入することがあると言われている。

その典型例が未確認生物の調査である。

昔から中国には怪獣や妖怪の伝説が少なくない。多くの中国人は心のどこかで、未発見の大型生物の存在を信じている。だから未確認生物の目撃情報は社会に与える影響が大きいのだ。

恐怖が拡散すると観光地は打撃を受け、恐怖心に便乗した悪徳商法がはびこる。こうした状況を中国政府は好ましく思っていないようだ。

未確認生物の目撃情報が拡散すると、多くの場合、短時間のうちに否定的な論評が発表される。その裏では第０９１気象研究所が綿密な調査を行い、情報を隠蔽していることは言うまでもない。

本書では、第０９１気象研究所が関与したとされている未確認生物事件の中から、特に注目を集めている野人と水怪について紹介する。

より重要な宇宙人の遺物や基地の遺構に関する情報

超常現象の中に技術革新のヒントや軍事利用可能な要素が見い出される場合には、第

０９１気象研究所が積極的に介入すると言われている。

その代表的な例は宇宙人に関する事件である。

宇宙人に関連がある情報の中で最も多いのはＵＦＯの目撃報告である。しかし単なる目撃情報から得られるデータは少ない。

それよりも重要なのは宇宙人との接触事件や、ＵＦＯの故障、さらには宇宙人の遺物や基地の遺構に関する情報である。

宇宙人の先進的なテクノロジーを入手し、軍事技術などに応用する。それが中国政府の狙いだ。

本書では、女児国の遺跡に関する第０９１気象研究所の関与、中国三大ＵＦＯ事件に関する第０９１気象研究所の関与などについて紹介する。

それでは次章から第０９１気象研究所が関与したとされる事件を具体的に紹介しよう。

湘西三邪

怪奇現象のるつぼで起こったこと

第2章

湘西は怪奇現象のるつぼ

中国南部の内陸に位置する湖南省。その西部を湘西《しょうせい》と呼ぶ。

湘西は険しい山岳地帯でありながら、古い街並みが残る観光地でもある。観光地としての見所は古色蒼然とした景観だけではない。繊細な銀細工を用いた苗族女性の民族衣装や髪飾りは中国国内ではもちろん、海外でも有名である。

しかし湘西にはもうひとつの顔がある。

怪奇現象のるつぼ——。

それが湘西なのだ。湘西の人々の生活は呪術とともにある。

例えば病気になったとき、湘西では、仙娘、風水先生、法師、道師などと呼ばれる超能力者を頼ることが多い。

病気や事故などの災厄には必ず霊的な原因がある。その原因は多くの場合、他人が仕掛けた呪詛《じゅそ》だ。この超自然的因果関係を断ち切ることができるのは呪力以外にない。これが湘西で暮す人たちの世界観なのだ。

湘西には不思議が満ち溢れている。しかし不思議が満ち溢れていること自体は不思議ではない。それが昔から変わらぬ日常の在り方だからである。

その湘西には湘西三邪と呼ばれる怪異が存在する。日本人が恐山と聞いて「いたこ」を思い起こすのと同じように、中国人は湘西と聞けば「湘西三邪」を想起する。湘西三邪はそれくらい有名であり、非常に不思議な現象である。

結婚前の女性にだけ生じる落洞とは

湘西三邪のひとつが落洞《らくどう》と呼ばれる現象である。

この怪奇現象は結婚前の女性にだけ生じるという。しかも落洞が起きるのは美しく聡明な女性に限られるのだ。

落洞は、ある日突然始まるという。

それまで何の異常もなかった女性が、突然幼女のような精神状態になり、食事を口にしなくなるのだ。このような状態に陥った女性を落洞女という。

落洞女の肌は輝きを増し、声は美しくなり、体からは清らかな香りが漂うという。

なぜこのような現象が起きるのか。

あまりの美しさのために、神に召されたからだ。

湘西は山深い土地である（中国のウェブサイトより）

湘西では落洞女はそのように理解されている。

湘西は石灰岩質の山岳地帯であり、大小さまざまな洞窟が点在する。それぞれの洞窟には洞神という神が住まわれていると言われている。

洞神は美しい娘を見初《みそ》めると、その魂を自らの洞窟に呼び寄せる。その結果として女性の肉体から魂が抜け出て、残された体は生ける屍《しかばね》になってしまうというのだ。

落洞女は通常数年後に死亡する。

命を助けるためには洞神に祈りを捧げ、娘の魂を返してもらうしかない。そのための儀式は法師と呼ばれる超能力者が行うのだが、常に成功するとは限らない。

失敗すれば死を覚悟しなければならない。

突然発生する落洞。死を待つだけの家族……。落洞は家族全体にとっての悲劇である。しかし、さらに悲惨なケースもある。

落洞は結婚前の女性に起きる現象であるが、結婚の直後、初夜の前に落洞する事例もあるのだ。このような事態になれば、新郎新婦の両家にとって大きな悲劇となる。

それだけに湘西では落洞ほど恐ろしい超常現象はないと言われているのだ。

命を奪う恐ろしい呪術として知られる蠱術

湘西三邪の中のもうひとつの怪異は蠱術《こじゅつ》である。

唐の時代に国家事業として編纂された『隋書・地理誌』には、中国南方の習俗として次のような記録が残されている。

五月五日に、大きなものは蛇から、小さなものは虱《しらみ》に至るまで、百種の虫を集めて器の中に入れ、互いに捕食させ、生き残ったものを保存する。

蛇が生き残れば蛇蠱《だこ》であり、虱が生き残れば虱蠱《しつこ》である。これで人を殺す。

多くの毒虫に殺し合いをさせると、生き残った一匹に呪力が宿る。この妖虫を蠱《こ》と呼ぶ。

蠱を用いて人を殺す呪術が蠱術だ。

蠱をどのように用いるかについては諸説ある。

一般的な説は、蠱を乾燥させて粉末にし、蠱毒を作る。その蠱毒を食べ物に混ぜて狙った相手に食べさせると、その相手は蠱病という病気に罹《かか》り、最終的には死亡する。

蠱は呪力によって作られる。だから蠱は誰にでも作れるものではない。

湘西に人目を忍ぶように暮らしている蠱婆と呼ばれる呪術師だけが蠱の作り方を知っているのだ。蠱婆は少なくとも三年に一度、誰かに蠱を飲ませなければ、自分自身が蠱の呪力によって殺されてしまう。だから湘西では何の落ち度もない人が蠱の犠牲になると恐れられているのだ。

実際に湘西では、現在でも蠱病に罹る人がいる。

蠱病に罹ったとしても必ず死ぬとは限らない。蠱病を治す方法がなくはないのだ。

蠱病を治すことを解蠱《げこ》という。

解蠱の適任者は、蠱婆自身であるが、通常は誰が蠱婆か特定することは難しい。そこで法師、仙娘などと呼ばれる超能力者に解蠱を依頼することになる。

蠱病の症状は今の医学でいう消化器系統の疾病に似ている。しかし医学的な治療では効果がないらしい。検査をしても原因が特定できず、治療方針が立たないからだ。

蠱病は一種の呪いであり、超常現象の一種である。だから蠱病の治療も超自然的な方法に頼らざるを得ないのだ。

かつての湘西は交通が不便な山深い土地であり、土着の犯罪集団が幅を利かせる治安の悪い土地であった。だからよそ者が立ち入ることは珍しく、蠱病に罹るのも、蠱病で死ぬのも現地の人に限られていたようだ。

しかし現在の湘西には、一部の土地が観光化されたため、遠方からの観光客が大量に押し寄せている。この結果、遠方からの旅行者の中にも、蠱病に罹る人が現れているのだ。

蠱毒は、かつては湘西だけの問題であったが、今では命を奪う恐ろしい呪術として中国全土に知られている。

一貫して超常現象を否定する中国政府

落洞にせよ、蠱毒にせよ、人知を超えた超常現象であるから、第０９１気象研究所の調査対象になっていることは言うまでもない。

その証拠に、日本のＮＨＫに相当するＣＣＴＶ（中央テレビ）が、実際に起きた事例を非常に詳細にトレースした番組を放送している。

第０９１気象研究所の綿密な事前調査なしに、落洞や蠱毒についてのディテールを入手することは困難である。どちらも現地住民の日常の一部ではあるが、具体的な内容は本来なら部外者には知りえない秘事だからである。第０９１気象研究所と共産党宣伝部との間において、密接な情報交換が行われていることは間違いない。

では、ＣＣＴＶの特集番組で、どのような見解が示されたのだろうか。

中国政府の姿勢は一貫している。

落洞も蠱毒も超常現象などではなく、科学的に説明がつく自然現象だ。これが番組を通じて示された中国共産党のメッセージである。落洞女も蠱病の患者も実際に存在する。しかしそれは一種の精神疾患であるというのが表向きの説明だ。

超常現象を精神疾患で説明するのは、迷信打破活動の常套手段である。この手法を使えば、実際に超常現象を体験したという人物が現れても、それは心の病であるとか、錯覚であったなどとして、闇に葬り去ることができる。

ただし、中国政府の説明が常にワンパターンであるわけではない。湘西三邪の最後の一邪、湘西趕屍《キョンシー》に関しては、驚くべき見解が示されたのである。

「あれは生きた人間ではない」

落洞、蟲術と並ぶ湘西三邪の最後の一邪、湘西趕屍は、死者を操る呪術であり、超能力の一種である。

その起源については諸説ある。中国では不気味な呪術といえば道術だという固定観念があるため、趕屍も道術の一種である茅山術《ぼうざんじゅつ》の秘儀であると考える人もいる。

しかし多くの人は苗族に古くから伝わる呪術が起源であると考えている。なぜなら、湘西趕屍は、苗族の居住地域に特有の怪異だからである。

苗族は中国南方に広く居住している少数民族である。古くから漢民族との接触があり、中国の神話にも苗族の神が登場する。

その苗族に関する、ある伝説がある。

数千年前、苗族の祖先神である蚩尤《しゆう》が北方に遠征して敵と戦ったとき、多くの戦死者が出た。

戦況が悪化し、南方に撤退しなければならなくなったとき、戦死者の遺体を戦地に放置することをためらった蚩尤は、戦死者に向かって「ここは安息の地ではない、故郷に帰り家族

蚩尤は伝説上の神である（中国のウェブサイトより）

に会うのだ。魂よ、さまようなかれ」と唱え「起きよ」と命じた。すると戦死者たちはいっせいに起き上がり、故郷に向かって歩き出したというのである。

死体が起き上がり歩き出したという不可思議な伝説。この荒唐無稽とも思われる伝説は、時を超えて二十世紀、国共内戦の時代に蘇る。

当時、湘西には国民党の残党や匪賊が出没していた。

治安維持のために湘西に赴いた共産党軍の兵士二人が、山中の隘路で奇妙な光景を目にしたという。

それは数人の隊列であった。

先頭に小さな銅鑼を手にした男がいて、その後ろに笠を被った人たちが続く。笠

趕屍隊の想像図（中国のウェブサイトより）

で顔が見えないだけではなく、袖も裾も長い衣服を身につけているので手足も見えない。

国民党軍の変装ではないか、あるいは匪賊の偽装ではないか。

奇妙な隊列に疑問を抱いた共産党軍の兵士は密かに尾行を開始した。

夕刻まで尾行を続けると、隊列は宿に入った。兵士は宿屋の主人を呼び出して客の素性を訊ねた。すると宿の主人は「あれは生きた人間ではない」というのである。

兵士たちは、湘西には死体を歩かせる術があるとの噂を聞いてはいたが、宿屋の主人の話を信じることはできなかった。

次の日、隊列は再び歩き出した。兵士

たちは尾行を続けた。

その日の夕刻、隊列はまた別の宿に逗留した。兵士たちは再び宿の主人に事情を訊ねた。すると宿の主人は「あれは赶屍隊《キョンシー》だ」というのである。

死体を制御して思いのままに操ることを意味する「赶屍」

宿屋の主人がいう「赶屍隊」とは何か。これを理解するには湘西の習俗を知る必要がある。湘西は古くから比較的貧しい土地柄である。平地が少なく広大な農地を開発できない地域だからだ。それゆえに湘西の人たちは出稼ぎに出ることが多かった。そのような人が増えれば当然出稼ぎ先の土地で亡くなる人もいる。

中国には「落葉《らくよう》帰根《きこん》」という言葉がある。これは死んだら故郷の土になる、死後は故郷に埋葬するという意味だ。一般的に中国人は遺体を故郷に埋葬すべきだと考えている。特に湘西ではこの観念が強いという。

しかし遺体を遠方から故郷に運ぶのは容易ではない。湘西の道は険しく、運搬が物理的に困難であるのに加えて、貧しい出稼ぎ労働者の家族にとっては、移送にかかる費用を捻出することが難しいからだ。

遺体が自らの足で故郷に帰ることができれば、これほどありがたいことはない。

そのような願いを実現するのが趕屍なのである。

趕屍の「趕」は「羊を追う」というときの「追う」に相当する言葉である。つまり趕屍は死体を制御して思いのままに操ることを意味する。そして死体を操るということの実質的な意味は、死体を意のままに歩かせることなのだ。

趕屍匠は病死、自殺、雷による死では依頼を受けない

遠方で家族が亡くなった場合、遺族は趕屍匠とよばれる専門家に趕屍を依頼する。ただし湘西では「趕屍」は忌み言葉であるから「走脚」という言葉が用いられるそうだ。

趕屍匠は専業だという情報もある一方で、普段は一般的な農民と同じ生活をしているという情報もある。

近代的な車道の整備が行われる以前には、趕屍の需要は非常に多く、趕屍匠も多数存在していた。それだけに、趕屍匠の中にも専業、兼業の違いがあったのだろう。

趕屍匠は湘西に居住しているが、かつては都市部にも趕屍匠への連絡所があったようだ。

日中戦争中の重慶には趕屍の依頼を受け付ける男が実際にいたと言われている。

趕屍匠はいつでも依頼を承諾するわけではない。

ある特定の死に方をした場合には、絶対に依頼を受けないとの規則があるのだ。それを「三不趕」という。

三不趕とは、病死、自殺、雷による死である。また焼死して遺体の損壊が激しい場合も断られたそうだ。

三不趕には、それぞれ理由がある。

趕屍を行うには、死者の魂を呼び戻す必要がある。しかし病死の場合は、死者の魂が閻魔《えんま》のもとに留められ、呼び戻すことができない。だから依頼を受けたくても受けることができないというのだ。

自殺の場合は事情が異なる。

中国では自殺者の魂は、自殺した土地に怨魂として留まると考えられている。日本の地縛霊に似た発想だ。

怨魂は生きている人間を殺す。そうすると殺された人間の魂が怨魂と入れ替わって土地に縛られ、自殺者の怨魂は成仏することができるのだ。

だから自殺者の魂を呼び戻そうとすると、怨魂に殺された人物の魂を召喚する可能性がある。これを避けるために、自殺者の遺体は趕屍の対象から除外されているのだ。

雷に打たれて死亡した遺体を運ばないのは神の怒りを恐れるためだ。湘西では雷の打撃は神罰を意味する。しかもそれは非常に重い罪に対する罰だと考えられている。

神罰による死亡者にかかわることは禁忌であるから、そのような遺体は趕屍の対象から除外されているのだ。

さらに三不趕とは別の条件として、遺体が二体以上揃わなければ趕屍は行われないという規則もあったようだ。

必ず依頼を受けなければならない場合もある

三不趕とは逆に、必ず依頼を受けなければならない場合もある。それを「三趕」という。三趕はすべて刑死した死体である。

なぜ三趕なのかといえば、処刑の方法に三種類あるからだ。ひとつは打ち首、もうひとつは絞首刑である。この二つは説明を要しないだろう。

最後のひとつは站籠《たんろう》という処刑方法である。これは恐らく中国独特の処刑方法だ。站籠には、人の身長よりも高い木の籠の上部に、かろうじて首が通るくらいの穴が開いた

站籠は中国独特の残虐な刑罰である（中国のウェブサイトより）

厚い板を設置した刑具を用いる。

上部の板は、左右二つのパーツからできていて、留め金を外すと、二つに分かれる構造になっている。この板の穴に死刑囚の首を固定して、籠の中に吊るすのだ。

通常は足の下にレンガを積んで、ぎりぎり体重を支えることができるようにしておく。外から見ると籠の中に直立しているように見えるのだ。この状態で晒《さら》しものにする。

この姿勢のまま死ぬまで放置する場合もあれば、レンガを外して命を縮めることもあったという。

中国語の「站」は鉄道の「ステーション」という意味のほかに「立つ」という意味がある。站籠の別名は「立枷《たてかせ》」という。站籠も立枷も、どちらも処刑されるときの姿を表す名称なのだ。

断頭、絞首、站籠。このような刑罰で処刑された遺体をなぜ必ず趕屍の対象にしたのか。それは次のように言われている。

刑死のように強いられて死亡した場合には、魂は死を受け入れられない。そこで魂を鎮めるためには、故郷に連れ帰る必要があるというのだ。

神罰による死体は趕屍の対象にならないが、死刑に処せられた場合は逆に必ず趕屍の対象となる。神罰には誤りはないが、人の手による処刑は恣意的に行われていたということだろう。

趕屍隊の目撃者が非常に少ない理由

趕屍匠が依頼を承諾する場合には、特別に作られた黄色い紙を依頼者に手渡す。依頼者がこの紙の上に死者の姓名、生年月日、死亡した日の日付、性別などを書き終わると、趕屍匠はその上に呪符を貼り、保管する。

通常、趕屍は日が暮れてから始まるという。灯りは用いないので、天候不良の日は趕屍を行わない。

死体が棺から起き上がり、歩き出す瞬間は絶対の秘密であり、趕屍匠は誰にも見ることを許さない。部外者が見ることができるのは、死体が歩き出してからの姿なのである。

趕屍匠は布製の青い帽子を被《かぶ》り、青い服を身につけ、黒い帯を巻いている。この服装は季節天候にかかわらず同じだそうだ。

趕屍の「趕」は「追う」という意味であるが、実際には趕屍匠は隊列の先頭を歩き、死者は趕屍匠の後ろに一列に並んで歩く。遺体は顔が隠れるような笠を被り、縄でつながれていて、額には黄色い呪符が貼られているという。

しかし趕屍隊の目撃者は非常に少ない。これには、それなりの理由がある。

ひとつは通路の位置関係である。

湘西では各村に、村の周囲を迂回する道が造られている。そのような道は不便であるから、他の地域にはない習慣である。

趕屍隊は、この迂回路を通過するので、人目につきにくいのだ。

さらに湘西には趕屍隊を敬遠する風習がある。

趕屍匠は小陰鑼と呼ばれる小さな銅鑼を叩き、摂魂鈴と呼ばれる鈴を鳴らしながら歩く。趕屍匠が灯りを用いないのは、銅鑼《どら》と鈴で手が塞がっているからである。

銅鑼と鈴の音が聞こえてきたら、趕屍隊と出会わないように避けるのが湘西のならわしである。わざわざ趕屍隊に近づいて見ようとする者はいない。

さらに犬を飼っている家では、犬を家に閉じ込めて、趕屍隊に近づかないようにしなければならない。犬が近づくと趕屍匠の呪力が失われ、死体が歩かなくなるからだという。

「死人客店」は趕屍隊だけが利用する専門の宿

趕屍隊が逗留する宿は一般的な宿ではない。趕屍隊だけが利用する専門の宿があるのだ。それを死人客店《しにんきゃくてん》という。

死人客店の門は黒塗りの重厚な門であり、必ず内側に向かって開く造りになっている。この門は日中、夜間を問わず、開いたままである。

死人客店の門には特別な意味がある。

趕屍匠は死人客店に逗留中、遺体を門の裏側に立たせる決まりになっているのだ。湘西では門の裏側は死者の居場所であり、忌むべき場とされている。子供たちは門の裏側で遊んではならないと言い聞かせられて育つのだ。

趕屍隊が故郷に近づくと、到着する二、三日前には目的地の家族に知らせが届く。知らせを受けた家族は棺、死に装束などを用意して死者を待つのである。

死者に死に装束を着け、棺に安置するのは趕屍匠の専権事項である。この過程は絶対の秘儀とされ、真夜中に行われる。家族ですら立ち会うことを許されない。このときに人が近づくと、死者が起き上がってしまうからだというのだ。

趕屍匠の弟子になるための三条件とは

趕屍匠の秘術は師匠から弟子へと伝えられる。これは世襲ではない。趕屍の伝承は一種の徒弟制なのである。

一般的に、弟子になれるのは十六歳以前の男子である。ただし、志願すれば誰でも弟子になれるわけではない。

趕屍匠の弟子になるには、ある三条件が整わなければならないのだ。この三条件を「三《さん》関《かん》」という。

三関の内容は広く知られている。

第一に強靭な体力が要求される。湘西は山岳地帯であるから、平坦な道はほとんどない。並みの体力では、そうした険しい道を何日も歩き続けることはできないからだ。

第二に鋭敏な方向感覚が要求される。

方向感覚は次のような簡単な方法で試される。

太陽を見つめた後に体を回転させ、急に動きを止めた後に東西南北を正確に指し示すことが要求されるのだ。

夜間、誰にも路を訊ねることができない状況下で山中の隘路《あいろ》を旅するのであるから、方向感覚は生死を分ける重要な能力だ。動物的ともいえるほどの方向感覚が要求されるのは当然である。

最後の条件は魑《ち》魅《み》魍魎《もうりょう》を恐れない胆力である。

暗い夜道を死者とともに歩くのであるから、妖怪や化け物の類を恐れるようでは仕事にならない。

趕屍匠は桐の葉を山中の墓の上に置き、弟子入りを希望する者に夜間ひとりでその葉を取ってくるように命じる。深山の悪鬼を恐れずに葉を持ち帰れば合格である。

以上の三関に加えて、さらにもうひとつ、奇妙な条件がある。

容姿が醜い。

これが重要な条件なのだ。この奇妙な条件には、もちろん理由がある。

趕屍匠の呪術は門外不出の絶対的な秘密である。趕屍匠が家庭を持てば、妻や子供から秘密が漏れる可能性がある。だからどんな女性からも相手にされない醜悪怪異な容貌が珍重されるのだ。

死者に活力を与える秘儀

趕屍匠がどのように修行し、どのように死者を歩かせるのか、詳細は明らかにされていない。

また趕屍匠が歩かせる遺体は、死後かなりの日数が経過しているにもかかわらず、腐乱しておらず、異臭も発しない。

なぜ遺体は腐らないのか、その謎も解明されていない。

趕屍匠の秘儀のうち最も奇怪なのは、死者に活力を与える技である。

死者が歩くのは、肉体を離れた魂が趕屍匠の技により、呼び戻されるからである。この技は「帰魂功《きこんこう》」と呼ばれ、趕屍に必要な三十六種の秘術のうち、最後に伝授される秘儀中の秘儀である。

趕屍匠の技は呪術の一種である。それが湘西での常識であった。

しかし中国共産党は、死者を歩かせるような呪術の存在を容認しなかった。そのような超常現象の存在は、共産党、毛沢東の権威を凌駕する可能性があるからだ。

中国政府にとって趕屍匠の技は、絶対にトリックでなければならないのである。

第091気象研究所の暗躍

共産党政権樹立前の中国では、趕屍は湘西だけの奇習であり、全国的に知られてはいなかった。ところが現在の中国では、もっとも有名な怪奇現象のひとつに数えられている。

意外なことに、趕屍が全国的な知名度を持つに至ったのは、第０９１気象研究所の戦略的宣伝活動の結果なのである。

趕屍が全国的に知られるようになったのは、テレビ番組が趕屍を紹介したのがきっかけである。

その後しばらくして中国はインターネット社会になり、テレビで紹介された趕屍についての憶測や論評が拡散し、さらに注目を集めた。ちょうど同じころ、趕屍に関する書籍が注目を集めている。

あまりにも不思議な現象であるから、多くの中国人が興味を持つのは当然であろう。多くの中国人が超常現象の存在を知ることは、中国共産党にとって好ましくないはずだ。情報統制の厳しい中国で、どうして趕屍の情報が拡散したのか。

それはネット上の記事やテレビ番組の結論を見れば明らかである。

趕屍に関する情報は、趕屍という超常現象を紹介するものではなく、湘西には趕屍という迷信があるが、実はトリックに過ぎないという内容なのだ。

しかしどのようなトリックを用いていたかという説明をテレビ局側に丸投げした結果、テレビ局によって異なる説明がなされるという失態を招いてしまった。

あるテレビ局は、趕屍匠は遺体を背負って運搬していたと説明している。遺体を背負ってからダブダブの服を着て歩くと、遠くから見ると死者が歩いているように見えるというのだ。

しかし険しい山道を遺体を背負って歩くのは困難である。湘西の地形を知っている中国人は、そのようなことは到底不可能であると主張している。

別のテレビ番組では、遺体の両脇の下に竹竿を通し、その竹竿を前後二人の趕屍匠が肩に乗せて運んだと説明している。

しかし複数の遺体をこのようにして運ぶことは、遺体を背負って運ぶよりも困難だ。趕屍の定めとして、遺体は少なくとも二体ある。重量から考えると、人力で運ぶのは困難なのだ。何らかのトリックを用いたとすると、常に重量の問題が立ちふさがる。

これに対して驚くべき説が登場した。

趕屍匠は死体の胴体から頭部、腕、脚を切り離し、それらを藁《わら》で作った胴体とつなぎ合わせて「軽量化」したというのだ。

確かに軽量化した死体であれば、背負って歩いても負担は少ない。

さらに死体が歩き始めるところも、死体を棺に納めるところも、絶対に部外者に見せない理由も説明できる。死体を軽量化していることを隠さなければならないからだ。

しかし数少ない目撃証言によると、確かに死体が歩いていたというのだ。切り離された脚が勝手に歩くはずはない。

また、本当に死体を切断していたのなら、なぜ胴体が藁でできていることに誰も気がつかなかったのか、切断した胴体をどのように処分したのか、などの疑問が残る。

当然、ネット上の意見の中には、偈屍をトリックと決めつける説には、かなり無理があるとの論評もある。

では、なぜ第０９１気象研究所は、このような不完全な宣伝活動に踏み切ったのか。

それは二十世紀後半の将来予測と関係があると言われている。

将来の中国では情報の流通が管理できないほど膨大になる。それが第０９１気象研究所の未来予測であった。

当時、すでに携帯電話が普及しており、インターネットの導入も始まっていた。地方の情報が簡単に全国に拡散する時代がくる。そうなれば湘西の超常現象が全国に知れてしまう。

この未来予想は正しかった。

現在の中国では、いわゆる「独立分子」の連絡すら統制しきれないほど、情報流通が激しくなっている。もはや情報そのものを完全に遮断することは不可能なのだ。

湘西には多数の目撃者がいるため、偈屍の存在自体を隠蔽することはできない。

そこで先手を打って偈屍を紹介し、それと同時に偈屍はトリックであるとの説を流布したのである。

第０９１気象研究所の戦略は完全に成功したとは言えない。しかしネット上の論評の大勢は、趕屍はトリックであり、迷信であると結論づけている。湘西趕屍は、あまりにも不思議な現象であるから、理由はともかく、トリックに違いないという意見が多くなるのは必然であろう。

なお、現在の湘西では交通網の発達によって趕屍を依頼する必要がなくなっている。かつては複数存在した趕屍匠も、いまでは最後の一人が残るだけだという。その趕屍匠も実際に趕屍を行う機会はなくなっている。

湘西最大の怪異とも言うべき趕屍は、謎を残したまま消え去る時を待っているのだ。

長白山の水怪

中国UMAの代表的存在

第3章

天池には「水怪」が棲んでいる⁉

中国と北朝鮮の国境上に長白山《ちょうはくさん》という景勝地がある。

長白山の別名を白頭山《はくとうさん》という。どちらの名称を用いるかについては、政治的な駆け引きがあり、中国は長白山、韓国は白頭山を用いるべきと主張している。

本書はどちらの立場に与《くみ》するわけでもないが、情報ソースとして中国の資料を用いているので、便宜上、長白山の名称を用いることにする。

長白山の標高は三千メートルに満たないが、北方に位置する（北緯は函館とほぼ同じ）ため、冬の寒さは厳しい。その反面、雪景色は絶景であると言われている。

中国側では観光化が推進され、スキー場なども整備されている。

長白山の山頂には天池《てんち》という名の湖がある。この湖は北朝鮮最長の河川である鴨緑江《おうりょくこう》の源である。

天池は長白山の噴火口にできたカルデラ湖だ。湖を上から見ると、ほぼ円形である。直径はおよそ四キロメートルあり、水量は多い。水深も非常に深く、一説には中国で最も深い湖であるという。

長白山の天池は観光化されている美しい湖だ（中国のウェブサイトより）

天池は有名な観光地であるが、湖の上を船で遊覧することはできない。

なぜなら、湖の上に中朝国境が走っているからだ。船で天池の上を移動すると、いつの間にか「外国」に侵入してしまう恐れがある。天池とは、そのような緊張をはらんだ湖なのだ。

この天池で巨大生物の目撃情報が相次いでいる。

もう一度確認しておくが、天池はカルデラ湖である。つまり火山の噴火口に溜まった水だ。そんなところに大きな水生生物が生息していること自体が異常なのだ。しかしその異常事態が何件も報告されているのである。

一九八〇年八月、ある男性が早朝四時

過ぎに長白山の頂上に登った。日の出を拝むつもりであったという。

長白山の頂上からは天池を見下ろすことができる。男性がふと水面を見ると、牛くらいの大きな生物が湖面を遊泳していた。頭部は非常に大きかったという。

この報告が新聞に掲載され、天池の「水怪」は一躍有名になった。

二〇〇二年七月には、二人の現地住民が水怪を目撃している。

二〇〇五年七月には、重要な事件が相次いだ。

ひとつ目の事件は、水怪の写真撮影である。目撃者のひとりが不鮮明ではあるが、水怪の写真撮影に成功したのだ。

写真が不鮮明であったことは、かえって議論を白熱させた。懐疑派は写っているのは木片に過ぎないと主張し、肯定派は水怪の決定的な証拠が得られたと主張した。写真に何が写っていたのか、いまだにその正体は不明のままである。

この写真撮影の直後にさらに大きな事件が起きた。

百名を超える観光客の目前に水怪が現れたのである。

目撃者の証言によると、水怪は岸から百メートルほど離れた北朝鮮領の水域に出現し、潜水と浮上を繰り返しながら俊敏に泳いでいたという。色は黒く、噂ほど大きくはなかったという証言も残されている。

姿形については、恐竜のようだった、裏返した中華鍋のようだった、水牛に似ていたなど、人によって表現は異なるが、口をそろえて絶対に魚ではなかったと断言している。

目撃者があまりにも多いため、水怪が虚言によるものではないことが明らかになった。しかしその正体はあいまいであった。目撃者の数は多かったが、水怪との距離が非常に離れていたため、正確な形状がわからないのである。

望遠鏡を使った人ですら黒い生き物だったと言うだけであるから、肉眼では黒い点くらいにしか見えなかったのだろう。

二〇一三年七月には、火山観測所の職員が水怪の写真撮影に成功している。しかし写真はやはり不鮮明であった。このときも被写体との距離が障害となったのだ。

写真には水面のＶ字の波が鮮明に写っていたが、肝心のＶ字の先端部分がはっきりしなかった。

この写真はデジタルであったから、後にコンピューターで拡大された。するとＶ字の波紋の先端に鹿の頭のような形状が確認されたという。

この写真も水怪の正体を暴く決定打とはならなかったが、火山観測所の職員という科学的な教育を受けた人物が撮影した点が画期的であった。

二〇一三年十一月には、百名近い観光客の目前に二匹の水怪が出現した。これまでの目撃

水怪の写真（中国のウェブサイトより）
何かがいるのは間違いないが、正体まではわからない

水怪の写真（中国のウェブサイトより）
波紋の大きさから判断すると、かなりの全長があるようだ

は夏季、それも七月に集中していたのだが、厳冬期の十一月にも水怪が出現したことは、すでに盛り上がりを見せていた水怪論争に一石を投じることになる。

また、このときの目撃者の証言を総合すると、水怪の体長は二メートルほどであり、このことがさまざまな憶測を呼ぶことになった。

水怪の目撃情報が報告されるたびに、新聞はもちろん、テレビでも扱われ、今では天池は中国のネス湖と称されるほどになっている。

水怪の正体は何か

天池に限らず、中国には水怪の情報が少なくない。

しかし天池の水怪ほど目撃者が多い例は稀である。あまりにも多くの目撃者がいるので、天池の水怪に関する限り、目撃証言自体を虚偽だと考える人はいない。

議論の焦点は、水怪の正体である。

これについては実にさまざまな説が提唱されている。

懐疑派の中には、生物であることすら否定する人がいる。彼らは、水怪の目撃者は流木などを生物と誤認したに過ぎないと主張している。

この意見は、カルデラ湖の生物相は貧弱であり、大きな生物が生息しているはずがないという常識を根拠にしている。

数メートルという黒い影が見えたのなら、それは生物ではなく、比重の軽い何らかの物体であると考えるしかないというのだ。

しかし、この意見は目撃証言の重要部分を無視している。

複数の人たちが、水怪が泳いでいる姿を目撃しているのだ。水面を泳ぐというのだから、それは何らかの生物であると考えるしかないのだ。

現在の中国でも、水怪の正体は流木だという説明を聞いて納得する人は少ない。

北朝鮮の舟艇説に信憑性はあるのか

水怪の正体は生物ではないと主張する懐疑派の中には、水怪の正体は北朝鮮の舟艇だと考えている人もいる。

実際に天池の北朝鮮領側には、船着き場が設置され、舟艇が係留されていることは確認されている。また、舟艇が走行すれば、水面にV字の波が作られるから、一部の目撃証言と符合する。

しかし多くの目撃者は、水怪は首を水面から突き出していたと証言している。

また、盆地状の地形をしている湖の上でエンジン音を出せば、目撃者の耳にも達するはずである。

多くの目撃証言の中には、北朝鮮の舟艇を水怪と誤認したケースがないとは言えないが、大多数の目撃証言を舟艇説で説明することは不可能である。

巨大魚を見間違えたのか

水怪は何らかの生物であると考えられる。そう考える人たちの中にもさまざまな意見がある。

非常に常識的な意見として、水怪の正体は巨大魚だという説がある。

この説に対しては、二つの大きな問題がある。

ひとつはカルデラ湖になぜ巨大魚がいるのか、もうひとつは非常に水温が低い天池で大きな魚が育つのかという疑問である。

まずひとつ目の疑問に対して、北朝鮮が水産資源開発のために稚魚を放流し、その魚が生育したのだとする説がある。

これに対しては、カルデラ湖には魚のエサになる生物がいないとの反論があるが、藻類を食べる草食魚であれば生育は不可能ではないと主張しているのだ。

水温については、北朝鮮側の水底には温泉が湧き出す区域があり、その周囲では厳冬期でも一定以上の水温が保たれていると推測している。

しかし淡水魚で二メートルに達するようなものは種類が限られている。また、湖面から首を出して遊泳していたとする目撃証言とは一致しない。

多数の目撃証言と照らし合わせると、水怪の正体は魚であると結論づけることはできない。

「首を水面から出していた」が意味すること

水怪の目撃者は多くの場合、水怪は水面から首を突き出していたと証言している。

実は、これには例外もあり、ワニのように眼だけを水面から出していたという証言もある。

このことが新たな謎を呼んでいるのだ。

水怪は首から先を水面から出す場合もあり、目だけを出す場合もあるという説がある一方で、水怪には複数の種類があるのではないかという人もいる。

多種類の水怪が生息しているとなると、話は複雑になるが、実際にこの説を支持しつつ、驚くべき説を提唱する人もいる。それについては後に触れるとして、いまは圧倒的多数を占める「首を水面から出していた」という特徴について考えよう。

首を水面から出して泳ぐ生物は実際に存在する。このため、水怪の正体は、そのような生物なのではないかと考える人がいる。

例えばカメ誤認説がその一例である。

確かにカメは首を水面から出して泳ぐ。また、水怪の目撃証言の中には、中華鍋を裏返しにしたような姿だったという証言もある。

しかし、二メートルに達する巨大なカメがどうやってカルデラ湖に住み着いたのか、そもそもそれほど巨大なカメが存在するのか、爬虫類であるカメが厳冬期を生き延びることができるのかなどの大きな疑問が残る。

別の説として、カワウソの一種を水怪と誤認したという説がある。

長白山一帯の水系には、カワウソの仲間である大型哺乳類が生息している。この生物が川伝いに遡行《そこう》し、天池に住み着いたと考えれば、天池に大型生物が生息していることを説明できるというのだ。

水怪の目撃証言によると、水怪の体長は二メートルに達し、色は黒いという証言が多い。カワウソはもう少し小柄で、色は茶色である。

しかし距離感を見誤ったとすれば、体長の違いは大きな問題ではない。また、遠方の茶色を黒と判断することはあり得ないことではないだろう。

このため、現在の中国にはカワウソ説の支持者が多い。その一方で、目撃者の中にはカワウソではありえないと主張する人もいる。

ヘビ説の支持者が減った理由

カワウソやカメは水中に出没する動物である。

これとはまったく発想が異なるのが陸上生物誤認説だ。

水怪の正体は水中生物だという思い込みがあるから、サイズが小さい動物しか候補にあがらない。視野を陸上に広げれば可能性は広がるというのである。

具体的には熊や鹿が候補に挙がっているが、目撃証言と符合する部分が多いのは大蛇説であろう。

二メートルを超えるヘビは珍しくはない。さらにヘビは泳ぐことができる。姿も怪物のようにに見えなくもないだろう。

しかしヘビが泳ぐときに首をもたげたりはしない。体を水面と平行にして浮いたまま、くねるように泳ぐのだ。

また、ヘビは厳冬期には冬眠しているはずだ。

目撃証言が七月に集中していたため、ヘビ説にも十分な説得力があったが、十一月の厳冬期に大勢の観光客が水怪を目撃してからは、ヘビ説を支持する人は減ったようである。

天池と日本海は地下でつながっている⁉

水怪の正体を議論するうえで、大きな障害となっているのは、天池がカルデラ湖であるという点である。つまり生物相に乏しい湖に大きな生物がいるはずはないという前提があるため、水怪の存在自体に疑問が呈されるのである。

この問題を一掃してしまう驚くべき説が提唱されている。それが地下トンネル説である。

地下トンネル説は、天池と日本海が地下でつながっているという説だ。

日本海の海底には未知の巨大生物が生息しており、それが地下トンネルを通って天池に現れるというのである。

この説によれば、水怪の種類は多数存在してもおかしくはない。広大な海の底には、まだ人類が発見していない数々の巨大生物が生息していても不思議ではないからだ。

日本人の感覚からすると、天池と日本海はあまりにも離れている。日本の本州を太平洋側から日本海側に貫くくらいの距離があるのだ。

それほど長い地下トンネルがあるとは考えづらいが、中国人のスケール感からは、天池と日本海はむしろ非常に近いという感覚になるらしい。

天池と日本海の距離は、北京と渤海《ぼっかい》の距離とほぼ等しい。北京にも、ある井戸が海とつながっているという伝説があるくらいだから、地下トンネル説は中国人にとっては突飛な発想とまでは言えないのだ。

ただし、地下トンネル説に対しては、天池が火山の噴火口にできた湖であることとの整合性に大きな疑問が呈されている。

否定しきれない恐竜説

水怪、正体不明の水生生物と聞くと、水生の恐竜を思い浮かべる人が多い。中国でも同じである。当然、水怪の正体は恐竜の生き残りであるという説もなくはない。

しかし特に学者の中には、この説の支持者は非常に少ない。

そもそも天池はカルデラ湖であり、直近では一七〇二年に噴火している。つまり天池は非常に若い湖であり、恐竜の子孫が生息している可能性はゼロに近いのだ。

また、目撃証言によると体長は二メートルくらいとの話が多いので、恐竜の子孫と考えるにはスケールが不足している。

つまり水怪は古代生物の子孫ではないのだ。しかし別の意味での恐竜である可能性は否定されていない。

例えば、天池の水怪は恐竜時代の生き残りなどではなく、独自の進化を遂げた新種の恐竜型生物だという説がある。

この説だけを聞けば、水怪が恐竜の子孫であるという説よりもさらに説得力がないと感じるだろう。せいぜい三百年程度の歴史しかない湖の中で、生物の独自の進化が起きるはずなどあり得ないからだ。

しかしこの説には、ある事実の裏づけがある。

ガンマフィールドという施設をご存じだろうか。

ガンマフィールドは円形の農園である。その中心にはガンマ線を放射する物質が設置されている。通常はコバルト六〇を用いることが多い。

農地に植えられた植物が受ける線量は、中央に近づくほど多く、距離が離れるにしたがって減少する。

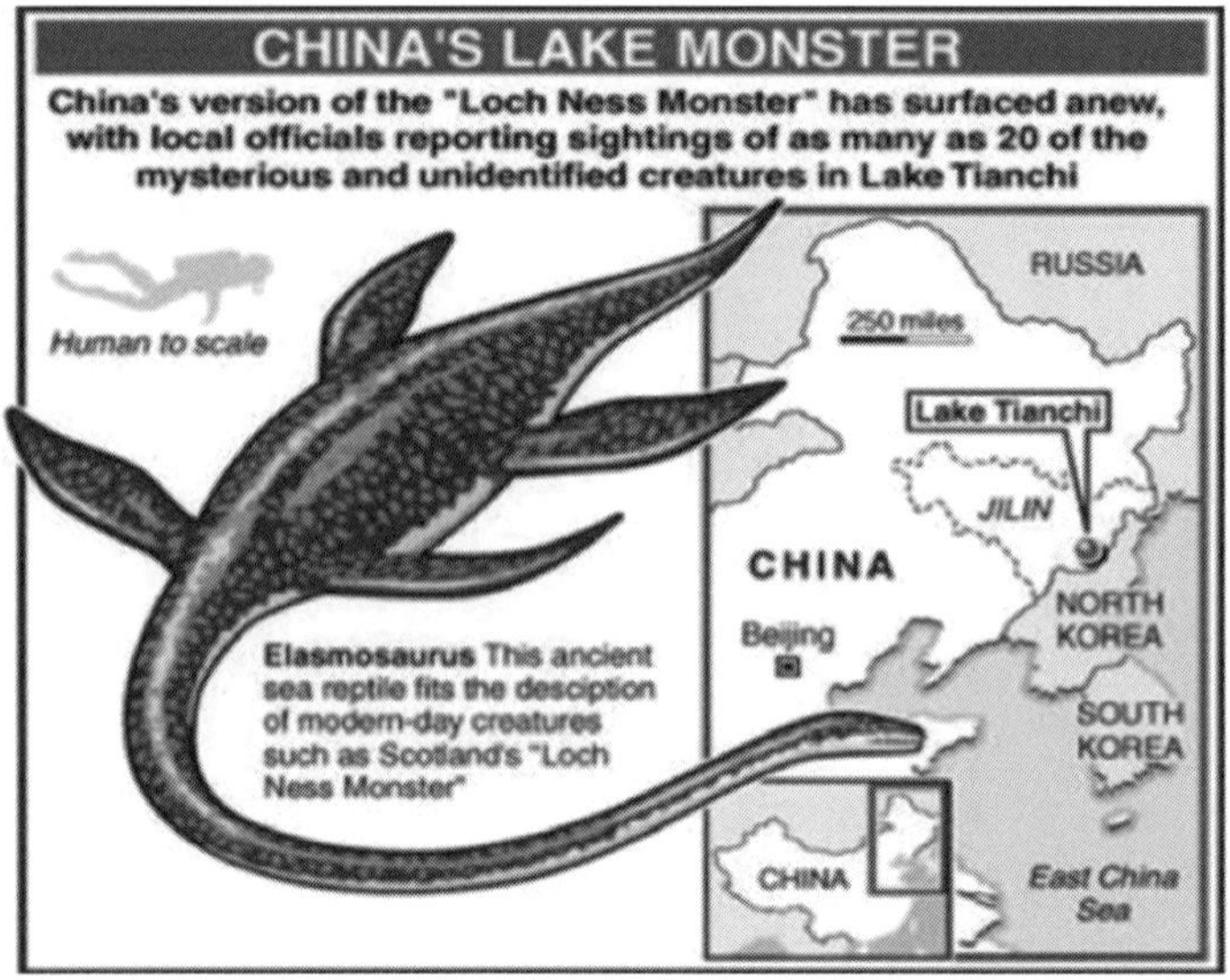

もともとイギリスで作成されたと思われる水怪の想像図（ベトナムのウェブサイトより）

この線量のグラデーションを使って、放射線の影響を研究するのが、ガンマフィールドの本来の役割である。

放射線はなぜ生物に影響を及ぼすのか。それは放射線によるＤＮＡ損傷と関係がある。ＤＮＡが損傷すると、遺伝情報が変化し、多くの場合、悪影響が生じる。

しかし遺伝情報の変化によって、有利な変化が生じることもある。農作物であれば、果実の糖度が高まったり、ウイルスに対する耐性が高まるなどの変化だ。これは一種の進化と呼んでよい。

実は同じことが自然界でも起きている。生物の進化はＤＮＡの変化によって起きるのだ。しかし自然界ではＤＮＡが損傷する確率が低い。そこでガンマフィールドでは、放射線を照射して人為的にＤＮＡ損傷を増やし、遺伝情報を変化させ、人工的に進化を促進しているのだ。

ガンマフィールドは人為的に放射線を照射する施設だ。では自然界に存在する放射性物質の影響はどうだろうか。

人工的な照射だろうが、自然界に存在する放射線であろうが、ＤＮＡを損傷し、変化させるという意味では同じである。自然界の放射線も線量次第ではガンマフィールドと同じように働くのだ。

実は、天池でかなり強い放射線が検出されているという情報がある。

水怪の正体は天池で独自に進化した現代の恐竜だと主張する人は、この放射線を前提にしているのだ。

天池の放射線は人為的に放射されているものではなく、自然現象の結果だとされている。火山活動による岩石の溶融と、比重の違いによる放射性物質の凝集により、天池の一部に放射線を発するフィールドが形成されたというのだ。

放射線による突然変異が現代の恐竜を生み出したという説は、一世を風靡したが、放射線の専門家は口を揃えて懐疑的な意見を述べている。

現在の天池はおよそ三百年前の噴火で形成された。だから天池での生命進化の時間は最長で三百年ということになる。

生命の進化を考えるときに三百年という時間は短すぎるという。三百年間放射線を浴び続けたとしても、恐竜のような複雑な生命体が生まれる可能性は非常に少ないというのだ。

一時は決定的な見解が示されたと話題になった放射線進化説も、現在ではあまり支持されていない。

中朝共同実験の成果が水怪の正体なのか

水怪の正体については、さらに謎めいた説がある。

この説を紹介する前に、ビシャノプリオサウルスについて説明しておこう。

ビシャノプリオサウルスは、中国四川省のジュラ紀の地層から発見された恐竜である。淡水に棲む首長竜の一種であり、全長は四メートルに達したと言われている。

ビシャノプリオサウルスの骨髄サンプルは中国の研究所に保管されているが、その一部は北朝鮮の研究機関に提供されたと言われている。

幼いころから恐竜に興味を抱いていた北朝鮮の重要人物が、ビシャノプリオサウルスのDNA入手を望んだからだと言われている。

この要請には逸話が残されている。

当時、ビシャノプリオサウルスの発見は公式には発表されていなかった。中国国内でも一部の学者だけしか知らない発見だったのだ。

しかし北朝鮮はなぜか情報をつかんでいたのだ。当時の北朝鮮は中国にも強力な情報網を広げていたのである。

話を元に戻そう。

要請を受けた中国側は、恐竜の骨髄を提供しても大きな成果は得られないだろうと考えていた。なぜなら、古いＤＮＡはバラバラに分解されてしまうため、恐竜の化石を丸ごと手に入れたとしても、完全なＤＮＡを採取することは不可能だからだ。

しかしそれは誤りだった。北朝鮮はこのときすでに日本から入手したモレキュラーボンディングの高度な技術を手中に収めていたのだ。

モレキュラーボンディングとは、分子を結合する技術である。

もともと長い二重鎖であったビシャノプリオサウルスのＤＮＡは、長い歳月を経てバラバラに分解されている。しかしモレキュラーボンディングを使えば、バラバラになったＤＮＡをつなぎ合わせて、もとの二重鎖を復元することが可能なのだ。

ただし、これには膨大な費用と労力が必要である。北朝鮮がＤＮＡの修復に成功するはずがない。中国がこのように考えたのは当然だ。

しかし骨髄提供の二年後には完全なＤＮＡが復元されたという。国家レベルの資金力があれば、科学的に可能なことはすべて実現できるのだ。

ただし、ＤＮＡが復元できても、そこから生命体を復元するには別の技術が必要だ。何らかの生物の受精卵にＤＮＡを導入し、さらに成長させなければならない。

この技術に関しては、中国に一日の長があった。

話は鄧小平時代に遡る。

そのころ中国政府は外交の道具としてのパンダの有用性に驚いていたと言われている。日本人がパンダを歓迎し、日中友好ムードが盛り上がったからだ。

しかしパンダは希少な動物である。万が一にも絶滅させてはならない。そこでパンダのＤＮＡさえあれば、完全なパンダを復活させることができるように、生体クローン技術の開発を急がせたのである。

生体クローンと言えばクローン羊のドリーが有名であるが、それ以前はアフリカツメガエルのクローンを作ったジョン・ガードンと並んで、コイのクローンを作った童第周《どうだいしゅう》が世界的なクローン研究の代表選手であった。

童第周のクローンは一九六〇年代の成果である。改革開放以前の中国の分子生物学が意外にも世界をリードする成果を上げていたこともあって、中国のクローン技術は急速な進歩を遂げたのである。

この事情を知っていた北朝鮮は、修復したビシャノプリオサウルスのＤＮＡから恐竜を復活させるための共同研究を中国共産党の上層部に打診した。

中国側は恐竜を復活させることには大きな意義を見出さなかったが、北朝鮮が持つモレキュラーボンディングの技術に興味を示したという。

生物クローン研究の第一人者、童第周（中国のウェブサイトより）

もしも提案を拒絶すれば、北朝鮮はソ連に共同研究を持ち掛ける可能性が高かった。そうなれば、北朝鮮が持つモレキュラーボンディングの技術はソ連に流出してしまう。
それを防ぐために中国は費用の大半を負担してまで、共同研究に同意したというのである。
この研究成果こそが天池の水怪の正体である。水怪は中朝共同研究が現代に復活させたビシャノプリオサウルスだというのだ。

この説が正しいとすれば、水怪が中朝国境に位置する天池に出没する理由も明白である。両国にまたがる天池ほど共同研究に適したフィールドは他にないからだ。

第091 気象研究所の動き方で何がわかるのか

中朝両国はビシャノプリオサウルスの復活には成功したものの、研究の過程で大きな失敗をしてしまったと言われている。

四メートルに達する恐竜といえども、最初は数十センチの大きさしかない。網に囲まれた天池の養殖場に放たれたビシャノプリオサウルスのうちの数匹が、網の目をくぐって逃げ出していたのだ。

研究者たちがそのことに気がつかないまま、数匹のビシャノプリオサウルスが天池の水底でのびのびと成長していたのだ。

その後、北朝鮮の重要人物の恐竜への興味は薄れてしまい、中朝の共同プロジェクトは中断された。

このとき、復活したビシャノプリオサウルスを回収し、人民解放軍の研究所に移送したのは第０９１気象研究所であったといわれている。

しかし研究所の養殖施設を逃げ出していたビシャノプリオサウルスは回収されないまま天池に残っていたのだ。

天池で目撃される水怪の正体は、回収されずに逃げ延びたビシャノプリオサウルスである可能性が極めて高い。

一説には、現在でも第０９１気象研究所はビシャノプリオサウルス捕獲の任務を負っているという。しかし天池の水怪はあまりにも有名になってしまったので、目立った捕獲作戦は遂行できない。しかも北朝鮮との関係悪化で、捕獲作戦はさらに困難になっているという。

なぜならビシャノプリオサウルスは比較的水温が高い北朝鮮側を好むためだ。第０９１気象研究所の工作員も「主権」の壁を超えることはできないのである。

今後も水怪の目撃情報があれば、それは第０９１気象研究所の任務が完了していないことを意味する。逆に目撃情報が途絶えれば、第０９１気象研究所の任務が完結したことを意味するのだ。

第4章

女児国遺跡

美女だけが住む国は実在したのか

『山海経』『隋書』にも記されている女児国

かつて中国には女児国という美女だけが住む小さな国があったと言われている。この言い伝えは、単なる伝説に過ぎないとは言い切れない。なぜなら、中国の古い文献には女児国に関する断片的な情報が記録されているからだ。

女児国は、文献によっては、東女国、女子国、西羌《せいきょう》などと表記されているが、すべて同じ王国の別名であると考えられている。

古くは『山海経《せんがいきょう》』に女子国の名称が登場するが、この女子国は女性二人だけの伝説的な国の話であり、女児国の実情を伝える内容ではないと考えられている。

実際の女児国の内情を伝える記述は、遣唐使《けんとうし》が中国を訪れていた時期の歴史書に登場する。『隋書』『旧唐書』『新唐書』には奇妙な風習に満ちた女児国の記述がある。

これらの歴史書は「正史」と呼ばれる記録である。つまり国家の事業として編纂された書物であり、野史と呼ばれる民間の記録よりも一段高い権威と信憑性を備えているのだ。『隋書』には、女児国が隋に朝貢していたことも記録されている。

さらに『西遊記』のモデルになった三蔵法師の旅行記『大唐西域記』にも女児国が登場す

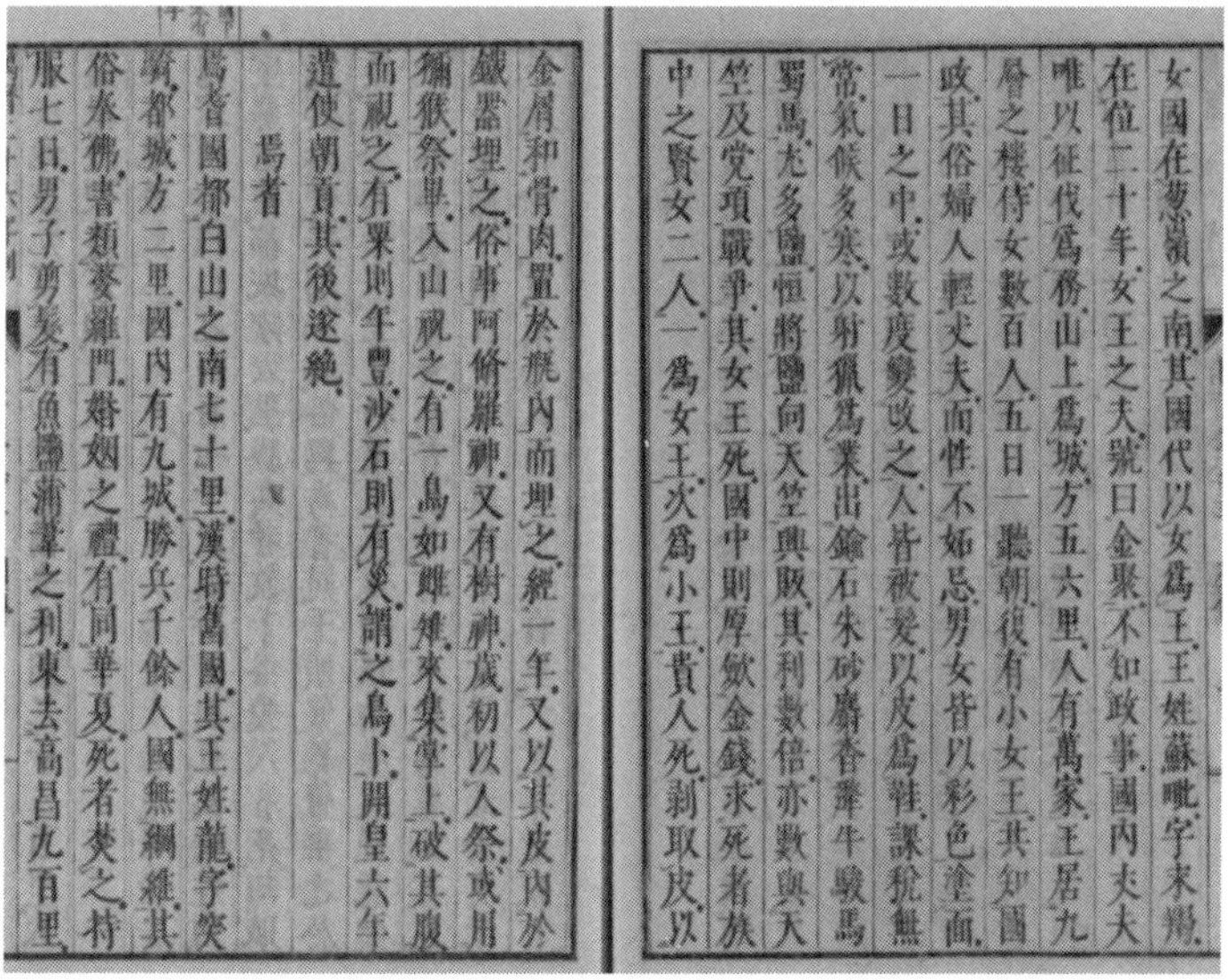
女國在葱嶺之南其國代以女爲王王姓蘇毗字末羯在位二十年女王之夫號曰金聚不知政事國內丈夫唯以征伐爲務山上爲城方五六里人有萬家王居九層之樓侍女數百人五日一聽朝復有小女王共知國政其俗婦人輕丈夫而性不妬忌男女皆以彩色塗面一日之中或數度變改之人皆被髮以皮爲鞋課稅無常氣候多寒以射獵爲業出鍮石朱砂麝香犛牛駿馬蜀馬尤多鹽恒將鹽向天竺興販其利數倍亦數與天竺及党項戰爭其女王死國中則厚斂金錢求死者族中之賢女二人一爲女王次爲小王貴人死剝取皮以金屑和骨肉置於瓶內而埋之經一年又以其皮內於鐵器埋之俗事阿脩羅神又有樹神歲初以人祭或用獼猴祭畢入山祝之有一鳥如雌雉來集掌上破其腹而視之有粟則年豐沙石則有災謂之鳥卜開皇六年遣使朝貢其後遂絕

焉耆

焉耆國都白山之南七十里漢時舊國其王姓龍字突騎都城方二里國內有九城勝兵千餘人國無綱維其俗奉佛書類婆羅門婚姻之禮有同華夏死者焚之持服七日男子剪髮有魚鹽蒲葦之利東去高昌九百里

『髄書』に記載された女児国（国立国会図書館より）

る。三蔵法師はインドに向かう途中の地理や風俗について信頼性の高い記録を残しているのだ。

このような事情があるので、女児国が実在したことは間違いないだろう。

『西遊記』の話の中では、女児国には女性しかいないという設定になっている。そのような環境でどのように子孫を残すのかというと、女性は二十歳になると女児国を流れている子母河《しぼが》の水を飲む。そうするとすぐに妊娠し、三日後には女の子が生まれるというのだ。

しかし正史にはそのような伝説は記されていない。女児国にも男性はいたのだ。

正史の記録によると、女児国の支配者は女性である。『大唐西域記』によれば、女王の夫は王と呼ばれるが、それは形式だけであって、男性の王には何の実権もないという。重要な権利はすべて女性が掌握していて、男性は力仕事と兵役を分担していた。政治の世界だけではなく、日常生活においても、男性は女性に従属していたのだ。

国内では狩猟が盛んであり、朱砂《しゅしゃ》、麝香《じゃこう》、馬などを生産していた。特に食塩が重要な商品であり、天竺《てんじく》に運搬して販売していたという。

女児国には顔に色を塗り、一日に何度も色を変える独特な風習があった。さらに奇妙な埋葬習慣があったという。

人が死ぬと、遺体から皮を剥いでしまうのだ。そして皮以外の部分を黄金と一緒に甕《かめ》に入れて埋葬する。一年後に、保存しておいた皮を鉄の容器に封入し、その容器ごと死体を埋葬した甕に入れたという。

実に奇妙な埋葬法だ。この方法は身分の高い人物を埋葬するときに限って用いられたという。

女児国をめぐる二つの謎

女児国にはいくつかの謎がある。多くの人が感じているのは、つぎのような疑問だ。

当時の中国大陸は弱肉強食の時代であり、小国は大国に侵略され、滅ぼされる運命にあった。美人ばかりが住んでいると言われた女児国がなぜ周辺国から侵略されなかったのか。

現代のスイスのように、小国であっても軍備が充実している国はある。スイスは経済的に豊かな国であり、十分な予算を軍備に割り当てることができるからだ。

しかし女児国の気候は寒冷で、塩以外には目立った特産物がなかった。軍備を充実させる余裕などない小国なのである。その小国が生き永らえたのであるから、何らかの特殊事情があったはずだ。

この疑問に対しては、一応の答えが用意されている。

女児国は地形が複雑な山岳地帯にあり、攻略が難しかったというのだ。この点はスイスに似ている。

それに加えて、女児国には非常に優れた防衛設備があったという。それは煙突型の石塔だ。煙突型と言っても、細いものではない。上に何人も登れるくらいの大きさがあるのだ。

このような石塔がひとつの世帯にひとつあった。つまり女児国には石塔が林立していたというのだ。

この石塔には二つの役割があったと考えられている。

ひとつは情報伝達だ。塔の上から別の塔に合図を送ると、合図を受け取った塔からまた別の塔に合図を送る。このようにして瞬時に情報が伝わるため、奇襲は困難になる。

また、塔の上から侵略軍を攻撃することによって、少人数で多くの敵を防御することができたというのだ。

しかし、それぞれの塔は独立している。塔をひとつひとつ攻略されたら簡単に滅ぼされてしまうようにも思われる。

女児国が周辺国からの侵略を免れたのには、地形と石塔の他にも、何か決定的な理由があったのではないか。この点については後に再び述べることにしよう。

女児国の謎はこれだけではない。

唐の時代まで女子国が存在していたことは複数の正史が証明している。ところが唐の滅亡と同時に女児国の記録が消え去るのである。

女児国が他国に滅ぼされたのであれば、その記録が残るはずである。しかしそのような記録は一切ない。また女児国との戦闘や、女児国で殺戮が行われたというような記録もまったくないのだ。

女児国は、唐の滅亡から宋の成立までのあいだに、忽然《こつぜん》と姿を消したのである。

所在地はどこかという最大の謎

女児国についての最大の謎は、その所在地である。

女児国について書かれた書籍には、それぞれ女児国の所在地についての記述があるが、それらの位置があまりにもかけ離れているのだ。

例えば『新唐書』によれば、女児国は現在のチベットの西側、インドとの国境に近い一帯に存在していたことになる。

この記述は三蔵法師の『大唐西域記』の記述と整合する。同様の記録は『大唐西域記』よりも古い『西域図記』にもみられる。『西域図記』は隋の煬帝《ようだい》に献呈された書物であり、それなりの権威がある記録である。

しかし例えば『旧唐書』によれば、女児国は現在の丹巴《たんは》県に相当する地域にあったことになる。

丹巴県は四川省のほぼ中央に位置する山岳地帯である。地形は西高東低で、標高が高い西部には五千メートルを超える土地もある。自然条件は厳しいが、長江上流の複数の支流が合流する土地であることから、河川を利用した交通の便は悪くない。

丹巴の険しい自然環境（中国のウェブサイトより）

チベットの西部と四川省の中央部ではあまりにも違い過ぎる。両者の距離は東京と上海の距離に匹敵するのだ。

女児国はどこにあったのか。チベットか丹巴か、それとも別の土地か。

古文書を読むだけでは結論は出せない。しかし現在の中国では多くの人が女児国は丹巴にあったと考えている。それにはもちろんいくつかの理由がある。

最も俗な説明としては、丹巴には美人が多いからという理由がある。女児国の女性は美人揃いだったという伝説と符合するというのだ。

この説明もまったくの的外れというわけではない。丹巴に美人が多いのは事実であり、それにはそれなりの理由があるという。

丹巴は昔から多くの民族が出会う水運の要衝であった。このような土地では混血が進む。そして混血により美人が生まれる確率が高まるというのだ。

女児国に美人が多かったのも、同じ地理的条件があったからだと言えなくもない。

しかしこれだけでは決定的な証拠にならない。多民族が混じり合う土地は他にもあるからだ。

女児国の所在地は丹巴であると言われるのは、丹巴の一部地域に残る独特な習俗のためなのだ。それは走婚《そうこん》という習慣だ。

走婚は日本の「夜這い」に似た習慣である。当人はもちろん、家族の暗黙の了解を得た男性が、日が暮れてから女性の部屋に忍び込み性交するのだ。男性は夜明け前には帰らなければならない。

このようにして女性は妊娠し、子供を産むが、その子供は母方の家の子として育てられ、男性の関与は許されない。つまり「父親」という概念がない特殊な母系社会が存在するのである。

この習慣が残る地域では、家庭内の序列は女性優位である。家長に相当するのは、最年長の女性だ。漢民族の社会が今でも強烈な男権社会であるのと対照的である。

丹巴に立ち並ぶ独特な建築物である碉楼（中国のウェブサイトより）

女児国は女権社会であった。女性優位の習慣を維持している丹巴の人たちは、女児国の末裔に違いない。

これが女児国は丹巴にあったと主張する人たちの言い分である。

さらに丹巴には碉楼《ちょうろう》という独特な建築物がある。

碉楼は丹巴の各地に点在する石塔だ。高さは十メートルから三十メートルあり、断面は正方形のものが多いが、六角形、八角形のものもある。

碉楼の壁面には長方形の窓が開いていて、頂上は平らであることが多い。それぞれの碉楼には名前がついていて、面白いことにオスとメスの区別があるという。木の梁《はり》が外部に露出しているのがメスで、露出していないのがオスだそうだ。

現存する碉楼はおよそ二百六十本であるが、最盛期には一万本以上もあったと言われている。現在は穀物などを保存する倉庫として使われているが、かつては軍事施設として利用されたこともあるという。

女児国には一世帯にひとつ石塔があり、国の防衛施設として機能していたという話を思い出していただきたい。丹巴の各地に現存する碉楼は女児国の子孫たちが受け継いできた建築様式である可能性が濃厚なのだ。

謎はすでに解明されているという情報

女児国が現在の丹巴県内に存在していたことは間違いないだろう。

しかし丹巴県というだけではあまりにも漠然としている。丹巴県は広大であり、丹巴県の中にも多くの村や町が点在するからだ。

女児国の王宮はどこにあったのか、女児国の中心地はどこなのか、重要な問題はいまだに解明されていない。

ところが、これは表向きの話であり、女児国の謎はすでに解明されているという情報がある。実は、この話にも第091気象研究所の関与が疑われているのだ。

ある人物の証言によると、第091気象研究所は女児国が特殊な兵器を所有していたと考えていたようだ。

多数の石塔を作って防御していたにせよ、それだけでは防衛力には限界がある。石塔の中に用意した投石用の石や弓矢がなくなれば、石塔自体は軍事的には何の役にも立たなくなるからだ。

女児国には敵を寄せつけない圧倒的な威力を発揮する兵器が存在したはずなのである。では、その兵器とはどのようなものなのか。

第091気象研究所はそれを知るために、丹巴県の各地を徹底的に調査したという。

最初に発見したのは女児国時代の墓であった。墓に埋まっていた甕の中には、遺骨の他に鉄製の容器が納められていたという。そしてその鉄製の容器の中には折りたたんだ動物の皮のようなものが入っていた。

これらすべての発掘品は研究所に運ばれて分析された。その結果、埋葬されていたのは人類の骨ではないことが判明したのだ。さらに鉄の容器に封入されていた皮からは特殊な高分子が発見された。

皮には有機物質で構成された何層ものシートを重ねた構造が見られた。その有機物質は非常に堅牢《けんろう》であり、さらに細菌によって分解されない分子構造を持っていた。つまり決して腐らないのだ。

このような皮を持つ生物が死んだ後に何が起きるか。研究所の科学者たちは、それを考えて愕然とした。

丈夫な皮は腐らないが、皮の内部、つまり内臓は腐敗する。そうすると腐敗ガスが発生し、死体は高圧のガスで膨らんでゆく。死体は人間の形をした風船のようになるのだ。

それだけでは終わらない。ガスの圧力が高まり、皮の強度の限界を上回ったとき、死体は大爆発を起こして飛び散るのだ。地球上の生物でも皮膚が丈夫な海洋生物、例えばクジラの死骸などが爆発を起こすことがある。腐敗した内臓が飛び散り、目も当てられない状況になるのだ。

死体の皮を剥ぐのはこの爆発を避けるためだろう。

腐らない皮を持つ知的生命体、死者の皮を剥ぐ風習を持つヒト型の生物。それが地球上の生物なのか、それとも地球外の生物なのか、そこまでは明らかではない。

しかし彼らが当時の人類の技術をはるかに凌駕《りょうが》する兵器を所有していたことは間違いないようだ。そしてその兵器の残骸を第０９１気象研究所は回収しているという。ただし、今のところその兵器の詳細は厳重に秘匿されているのだ。

以上の情報をもとに女児国の本質を推理すればこうなる。

女児国は、外見が人間の女性に似た謎の生命体によって統治されていた。埋葬のときに皮を剥がれたのは、身分が高い一部の支配者だけであったというから、女児国の一般的な構成員は人間の男女だったと思われる。

謎の生命体は小さな国家を支配して、何らかのプロジェクトを遂行していたのだろう。プロジェクトの内容は、今となっては推測するしかない。人間という生き物を研究していたのかもしれないし、地質を調査していたのかもしれない。とにかく何らかの目的をもって国家を維持していたのだ。

唐が滅亡し、宋が中国を支配するまでのあいだに、未知の生命体はその目的を達成したのだろう。そのため、国家そのものを「解散」させたのだ。国家が何の痕跡もなく溶けるように消えてしまったこと自体が、女児国の異常性を物語っている。

女児国は人類が作り出した国ではなく、人類とは別の知的生命体が作り出した暫定的な疑似国家だったのだ。

第5章

河南省の封門村

なぜ廃村になったのか

超常現象の頻発地帯として知られる封門村

インターネットで洛陽の衛星写真を検索し、その北に目を走らせると、河南省と山西省を隔てる中条山脈が見えてくる。中条山脈の標高はそれほど高くはない。山中にはところどころに小さな村が点在している。

中条山脈の河南省側に封門村《ふうもんそん》と呼ばれる村がある。鬱蒼《うっそう》とした森に囲まれたこの村は、中国第一鬼村と恐れられている謎に満ちた土地だ。

封門村には石造りの建築が多く、中国風の瓦屋根を持つデザイン的にも立派な家屋が少ない。しかしほとんどの建物の窓は破れ、ドアは開けたまま放置されている。

現在の封門村は無人の廃墟なのだ。ひっそりと静まり返った廃村。本来なら部外者が関心を持つような土地ではない。しかし封門村の名は中国全土に知られている。超常現象の頻発地帯として……。

実は、封門村という名は正式な名称ではない。

封門村に詳しい中国人の話によると、封門村のもともとの名称は風門村であったという。

二〇〇七年に完全に廃村となり、立ち入りが忌避されるようになってから、封門村という呼

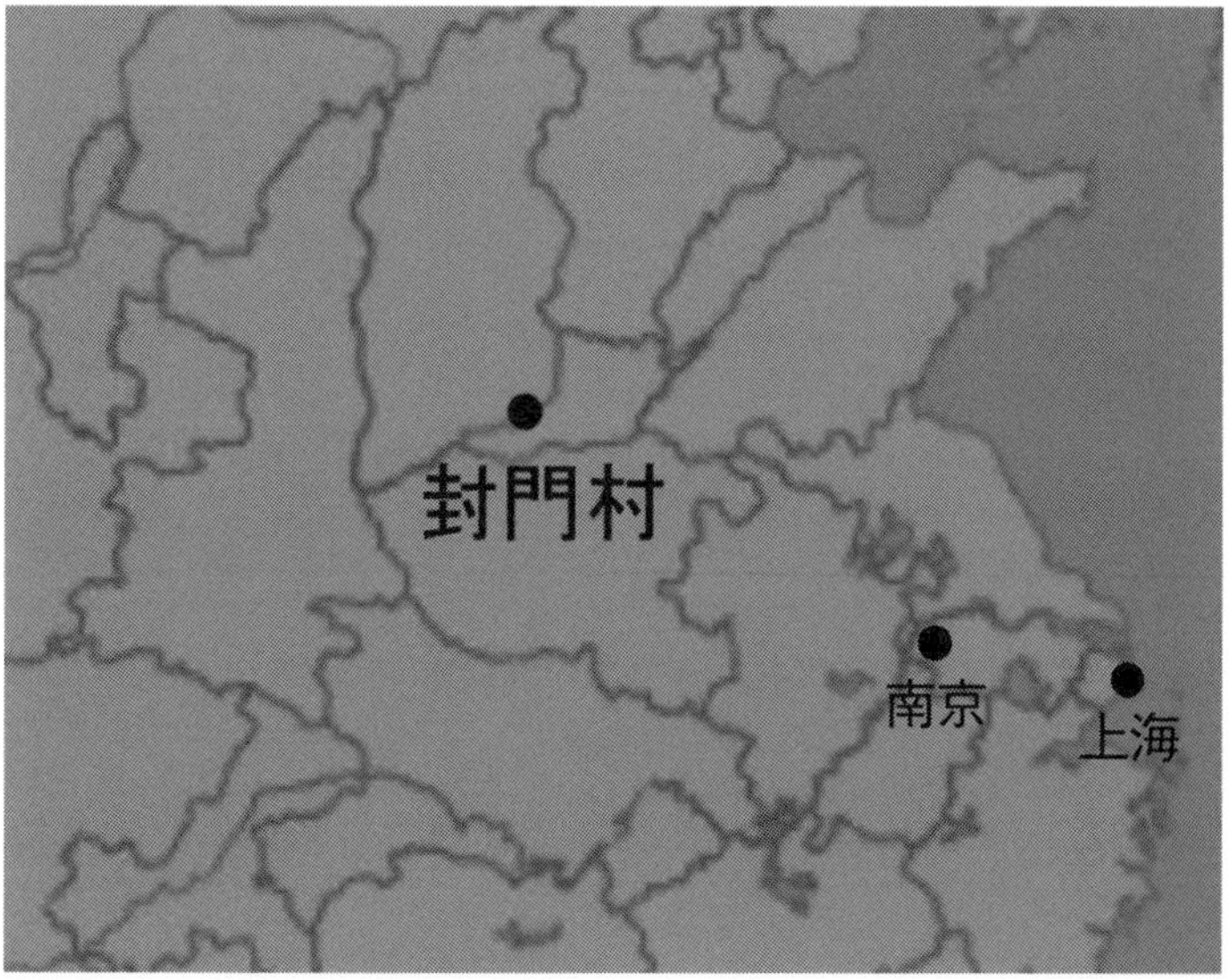

中条山脈の河南省側に位置する封門村

び名が定着してしまったそうだ。

封門村に関する最大の謎は、なぜ廃村になったのかという点だ。

封門村を扱う記事は、自然条件が過酷で不便であったからだと説明している。しかしこの説明はおかしい。

封門村の歴史は少なくとも清代初頭にまで遡ることができる。村に清代の石碑があることから、そのことは間違いない。

自然条件が過酷であるなら、清代から二〇〇七年までの長いあいだ、多くの人たちが生活していたのは不自然である。しかも清代の石碑からは、封門村が相当に豊かな村であったこともわかっている。

廃村になった原因は他にあるのではないか。

2007年に完全に廃村となった封門村（中国のウェブサイトより）

完全廃村となったのは二〇〇七年である。遠い昔の話ではない。当然、かつての住民は存命している。

旧住民の中には、村を捨てた理由として奇妙な説明をする人がいる。

ある老人は、山の木を切ったことがすべての始まりだという。

一時期、封門村では山の木を切って売り飛ばすことが流行したという。しかし、ある大木を伐採して以来、村で病死者が続出するようになったというのだ。

村の古老に相談すると、伐採された大木は神木であり、村は神の怒りにふれたという。病死者が相次ぐのは神の祟りだというのだ。

神の怒りを恐れた村民たちは、止むを

得ず村を捨て、結果的に封門村は廃村になってしまったというのである。

これとは別の説明をする老人もいる。

かつて封門村には悪霊が出没していたという。

あるとき、村を訪れた法師が、悪霊を鎮めるために、大月寺、中月寺、小月寺という三堂を建立した。しかし悪霊の霊力は強く、それだけでは霊気は鎮まらなかった。

そこで法師は、村が無人になることを条件に、鎮邪が完成する法術を用いたというのである。

どちらの説明も霊的な説明であり、超常現象の存在を前提としている。この説明を裏づけるかのように、封門村では数々の怪奇現象が起きているのだ。

家屋の中の棺が消えた怪

封門村の周囲は山深い土地である。しかし漢方薬の採取などで山に立ち入る人がいる。そうした人たちは、しばしば道に迷ってしまうそうだ。なぜなら封門村の周囲ではコンパスが狂ってしまうからだ。

奇妙なのはそれだけではない。

道に迷って歩いていると、必ず封門村に迷い込んでしまうというのである。まるで封門村が人を呼び寄せる意思を持つかのように。

この情報は中国のオカルトマニアのあいだで有名になっていた。

日本には心霊スポットをわざわざ訪問する人がいるが、中国にもそのような人たちがいる。超常現象が起きるという土地を訪ねて写真を撮り、ブログで紹介するのだ。

こうして無人の封門村に再び人が侵入するようになった。そして数々の怪奇現象が報告されるようになったのである。

封門村で発生した最も不気味な現象は、何といっても消えた棺《ひつぎ》の一件である。

この事件は封門村の無人の家屋の中で棺が発見されたことから始まる。

それはごく普通の民家であった。村を「探検」するために訪れた若者たちが好奇心で中をのぞくと、そこに棺が安置されていたのだ。どんな事情があるにせよ、家の住人が棺を放置したまま村を離れるはずはない。

棺などというものは、それ自体が不吉な存在だ。それがあるはずのない所に存在する。発見者は、あまりの不気味さに、棺の中身を確認せずに立ち去った。これは無理もないだろう。

しかし本当に不気味な現象はこの後に起きるのだ。

いったんは村から引き揚げた発見者は、その後も棺のことが頭から離れず、棺の正体を確かめたいという気持ちが日に日に強くなっていった。そして再び封門村を訪れたのである。

封門村の内部写真（中国のウェブサイトより）

そのとき、正真正銘の怪奇現象が起きていた。棺が消失していたのだ。

私は中国で葬儀に参加したことが何度もある。中国の棺は日本の棺よりも厚い板を用いるのが一般的であり、さらに装飾が加わるため、非常に重い。一人や二人の力で運べるようなものではない。

もしも誰かが運んだのであれば、かなりの人数が必要である。交通が不便な封門村から何者かが運び出したと考えるのは不自然である。

しかし、誰かが運び出したのでなければ、なぜ棺は消失したのか。あまりにも奇怪な謎が残るのだ。

この現象は中国全土のオカルトマニアの注目を浴びた。

これに対して中国のテレビ局は、わざわざ特集番組を作成して合理的な説明を試みたのである。

その説明によると、封門村には特別な風習があったというのだ。その風習とは次のようなものである。

家族が死亡した場合に、いったん棺に入れて家の中に安置する。そうしておいて一定の年数が経過してから埋葬するというのだ。

この風習を前提とすると、棺の消失は超常現象でも怪異でもないという。

つまり、発見された棺は廃村前から家屋の中に安置されていたのだが、埋葬する時期がきたので、家族総出で棺を回収にきたため、あたかも棺が消失したかのように見えたというのだ。

本当にそのような風習があったのか。仮にその風習があったとして、オカルトマニアが棺を発見した直後に埋葬の時期がきたというのは、タイミングがよすぎないか。

疑問点が多い説明であるが、不思議なことにネット上の論評を見ると、この説明を当然のこととして受け入れているものが多すぎるのだ。

こうした論評の発信者は誰か。棺の一件を封門村の風習であるとこじつけ、真実を隠蔽しようとする何らかの力が働いているのではないか。

三人の青年が巻き込まれた怪奇現象

封門村で発生した怪奇現象はこれだけではない。

封門村を「探検」した人たちの身体にも明確な異常が現れているのだ。

それは痛みを伴わない内出血である。封門村に足を踏み入れた人たちの体には、何かにつかまれたかのような赤い痣《あざ》が残るのである。

この現象は複数の人たちに発生している。それにもかかわらず、いつ、何がきっかけで痣ができたのか、誰にもわからないのだ。

このほかにも封門村では真夜中に奇声が聞こえるとか、心霊写真が撮影されたとか、封門村を訪れると原因不明の発熱に苦しむなどの情報が拡散している。

こうした情報に触発されたのか、かつて封門村を訪ねたことがあるという二人の青年が当時の恐怖体験を明らかにした。

それは一九六三年の出来事だ。

三人の青年が封門村を訪れ、村の共産党組織に宿泊場所の提供を依頼した。

共産党の幹部は、ある空き家を斡旋《あっせん》した。

その家は、三人が村を訪れる直前に、家に住んでいた全員が病死したため、空き家になっていたのだ。

共産党の幹部から事情を聞いた青年たちは、気味が悪いと思いながらも、ほかに宿泊できるところはないだろうと思い、その家に逗留《とうりゅう》することにした。

怪奇現象は早くも最初の晩に発生した。三人が同時に同じ内容の悪夢を見ただけではなく、三人とも金縛りに遭ったのだ。

別の日に青年のうちの一人がクローゼットを開け、衣服を選んでいると、突然クローゼットの奥の壁に悪霊の顔が現れたという。その顔は初日の晩に見た悪夢に現れた悪鬼とそっく

昔から風水的に優れた土地と認識されてきた封門村（中国のウェブサイトより）

りであった。

青年はその場で卒倒し、意識を取り戻したのちに謎の高熱を発したという。

また別の日の深夜に、三人のうちの一人が悪夢にうなされて目を覚ました。すると、窓の向こうから水の音が聞こえてきた。

青年は起き上がり、窓の外を見ると、そこには井戸があり、その近くで全裸の若い女性がたらいに水をくんで、水を浴びていた。

青年の目は女性の体に釘づけになった。

突然、女性が顔をあげてほほ笑んだ。

恐ろしいほどの美少女だった。

ここで思わぬ事態が発生した。その美少女が井戸に飛び込んだのである。

青年は驚いて人を呼んだ。ライトを手にした村人が集まり、井戸の中を調べたが、何の異常も見つからなかった。不思議なことに、井戸の周りに水浴びの跡はなく、たらいも乾いていたという。

この事件ののち、美少女を目撃したという青年は謎の高熱を発した。この時点で、村を訪れた三人の青年のうち、二人が高熱で身動きがとれなくなってしまったのだ。

そして最後の一人も、首を絞められる悪夢を見たのちに高熱を発した。

謎の高熱は解熱薬を飲んでも改善しなかった。

霊的な現象であると考えた青年たちは、村の長老と相談し、生贄《いけにえ》を捧げる儀式を行ったのである。この結果、三人の青年は謎の高熱から解放されたというのだ。

では、三人の青年が体験した怪奇現象は、いわゆる心霊体験なのだろうか。

超常現象に詳しい中国人の話によると、これは確かに霊的な現象であるという。しかしそれだけでは表層的な理解に留まるというのだ。

霊的な現象が発生するには、一定の条件が必要だという。その条件のほうこそが、この事件の核心なのである。

風水的に優れた土地ゆえの悲劇なのか

封門村は山脈と川に挟まれた土地である。このような地形を「背山面水」という。背山面水の土地は、風水学的に好ましい場を形成することが多い。実際に封門村の風水は素晴らしく、「風水宝地」とまで評価されているのだ。

封門村の本当の名称である風門村という名称も、陰陽学説が福のある土地を指す「風門」という言葉からきているという。つまり昔から封門村は風水的に優れた土地であると認識されてきたのである。

しかしこれは両刃の剣である。

風水的に優れた土地は、気の流動が激しく盛んな土地である。そのエネルギーは良くも悪くも働きうるのだ。

場のエネルギー、土地の風水を生かすには、それに適した土地利用が不可欠である。もしも土地利用を誤れば、場のエネルギーは災いを招く方向に働く。

場のエネルギーが強い土地でそのようなことをすれば、予期せぬ超常現象が住民を襲うことになるのだ。

風水を無視して造られた封門村の家屋

風水的に優れた土地で次々と超常現象が起きる。

この情報は、中国の風水師たちの注目を集めた。村の航空写真を見た風水師たちは、一瞬で封門村の異常に気づいたという。

通常、中国の古い建築物は、風水理論に基づいて作られている。風水理論にも基本的なものから、高度なものまで、レベルの違いがある。

封門村の家屋は風水の基本すら無視した造りになっていたため、詳しい分析などする前から、特異な村であると見抜かれたのである。

航空写真を見ただけでわかる異常性とは何か。

それは家屋の軸の方向である。

家屋には正門を起点とした軸があり、その軸は原則的に南北の線と平行でなければならない。これが風水の基本である。ところが封門村の家屋は、この原則を完全に無視して造られているのだ。

異常なのはそれだけではない。

村の歩道は迷路のように入り組んでいる。風水の教えによれば、道路は広く直線的であることが望ましい。入り組んだ道には邪気が集まり、さまよい続けるとされているからだ。

実際に封門村を訪れた風水の専門家は、封門村では門や窓の造りも風水の基本を無視しているという。封門村の家屋を見て回ると、門と窓、窓と窓が向かい合うように造られていることが多いというのだ。

門と窓が向かい合う構造を門窓相対《もんそうそうたい》という。また、窓と窓が向かい合う構造を穿堂殺《せんどうさつ》という。どちらも陽宅の風水を破壊する最悪の建築プランであり、このような造りを避けることは風水の基本中の基本なのだ。

なぜ封門村の建築物は風水を無視して造られたのか。

これに対しては、大きく分けて二つの説がある。

ひとつは、村の成り立ちに原因があるという説である。

封門村は明末の動乱期に戦火を避けて逃げ延びた人たちが作った村だという。山の中に定住し、家屋を作ろうとしたときに、風水の専門家がいなかったため、それぞれが勝手に家を作ったというのだ。

風水の素人が家を造ると、門や窓を一直線上に設置することが多い。そのほうが風通しがよいからだ。

つまり、風水を知らない人たちが家屋を造ったせいで、思いがけず風水を破壊するような村を造ってしまったというのだ。

もうひとつの説は、封門村の祖先たちが意図的に風水を破壊したという説である。風水を破壊するような家屋の配置や家の造りをあえて選び、封門村に邪気を呼び寄せたというのだ。

なぜそのようなことをする必要があったのか。

明末の動乱期は治安が極度に悪化し、匪賊《ひぞく》、窃盗団の類が横行していた。封門村の風水を破壊することにより、超常現象が頻発するようになれば、犯罪集団も村を恐れて近づかなくなる。それを狙って、あえて危険な村を造り上げたというのだ。

つまり村全体を霊的な要塞に変貌させ、自分たちの安全を守ろうとしたのである。

本当の理由は今となっては定かではない。しかし封門村の祖先たちが風水を破壊したことは間違いない。

人の行為によって場のエネルギーを禍を招くように変えてしまうことを逆風水という。

封門村の逆風水は、他ならぬ村人自身に最も大きな被害を与えたはずだ。

封門村の場のエネルギーは強い。そのエネルギーがマイナスに作用するのだから、村人が

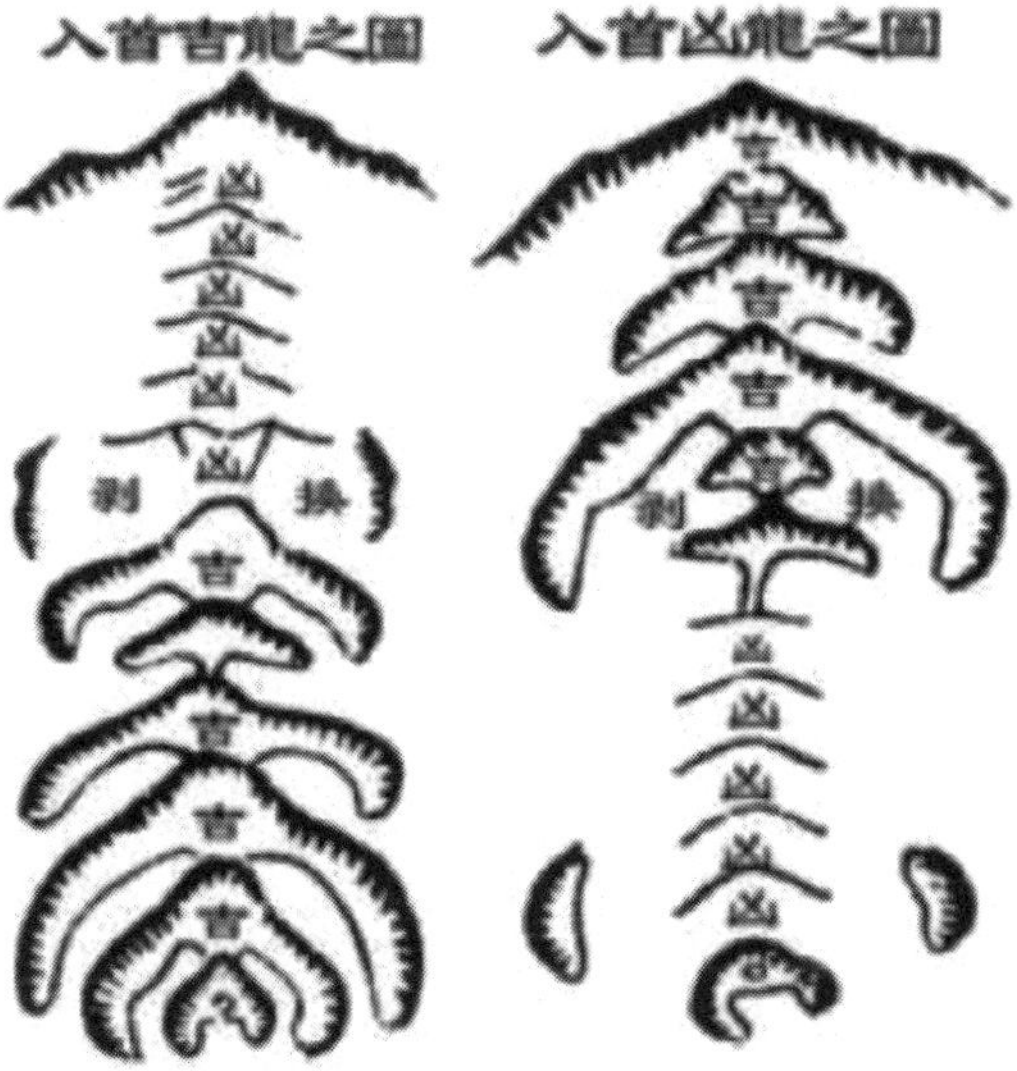

図中に見られる「凶」の文字（中国のウェブサイトより）

幸福になれるはずはないのだ。

しかし清代の石碑には、村の豊かさと繁栄が記録されている。これはどうしてだろうか。

実は、清の時代には、封門村の逆風水はすでに注目されていた。清代の風水師たちは、封門村の風水は素晴らしいのに、住民たちが自ら風水を破壊していると評していたのだ。

このような評判を聞いた風水師が、清の時代のある時期に、封門村の風水を改善する「何か」を行ったのだ。

多くの人は、封門村を囲むように配置されている三つの小さな寺が、封門村の逆風水を封じたと考えている。

寺院や神廟が風水を変化させることは

よく知られている。だから寺が封門村の風水を好転させたという発想は自然である。しかし、封門村を囲む寺は今でも存在している。もしも寺が逆風水を封じるのであれば、なぜ超常現象が相次いで発生しているのか。

やはり封門村を囲む寺は逆風水封じ込めの決定的な要素ではないのだ。清代のある時期に、封門村には平和な時代が訪れた。これは何者かが封門村の逆風水を封じ込めた結果であることは間違いない。

しかし共産党政権成立後に再び超常現象が報告されるようになった。つまり逆風水を封じ込めていた「何か」が無効化されたのである。

この「何か」は寺院や神廟などの施設ではない。もしもそのような施設が破壊されたり撤去されたりすれば、すぐに噂が広がり、超常現象との関係が取り沙汰されるはずだ。封門村の逆風水を封じ込めてきたものは、持ち去ったり、破壊したりしても目立たないような小さな呪物だったのかもしれない。

風水に詳しい人であれば、超常現象が多発する以前の封門村の特殊性を理解していたはずである。それは次の三点だ。

①封門村の風水的エネルギーは非常に強い

②封門村は逆風水構造で造られている

③封門村の逆風水は何らかの方法で封じ込められている

そして何者かが、逆風水を封じている「何か」を特定し、それを無効化したのだ。いったい誰が、何のためにそのようなことをしたのか。

それについては、ひとつの噂が囁かれている。

中国政府は現在進行形で風水の研究を行っている

逆風水の封じ込めは、それ自体が風水の秘儀であり、並みの風水師の手に負える仕事ではない。まして村全体の風水に影響を与えるとなれば、都市の風水、つまり統治者の風水に熟達した特別な風水師の関与が必要となる。

中国の歴史の中で、都市風水の奥義は秘中の秘とされてきた。統治者だけが独占し、一般庶民の目に触れないように管理されてきたのだ。封門村の逆風水を封じた人物は、清朝皇室と関わりのある人物であろう。

なぜ朝廷が紫禁城から遠く離れた封門村の逆風水を封じ込めようとしたのか。

その理由は地形図を見れば明らかである。

たしかに北京と封門村は遠く離れてはいるが、ひと続きの山脈で結ばれている。風水的に言えば、北京と封門村は龍脈《りゅうみゃく》（気の流れ）でつながっているのだ。

このため封門村の逆風水は、わずかではあるが紫禁城の風水にも悪影響を及ぼす。清王朝は封門村の逆風水を封じ、朝廷の安寧《あんねい》を保とうとしたのであろう。

では、その封印を解いたのは誰か。

逆風水を封じ込めたのは、都市風水の奥義に精通した風水師である。

その封印を解けるのは、同じレベルの風水師でなければならない。つまり統治者だけが管理している風水の奥義を知る者だ。

封門村で超常現象が頻発し始めたのは、共産党政権成立後であることは、すでに紹介した。つまり封印が解かれた時点での中国の統治者は中国共産党である。そして共産党政権内で超常現象を扱う特務機関は第０９１気象研究所なのである。

実は逆風水封じ込めの封印を解いたのは、第０９１気象研究所であるという噂は、かなり以前から囁かれている。現在は、私の知る限り一切の情報が削除されているが、以前はこの噂がネット上に流出したこともある。

それにしても、なぜ第０９１気象研究所は逆風水の封印を解いてしまったのか。

これには第０９１気象研究所の特殊な任務が関係しているという。

風水はいまだに未完成のテクノロジーである。このテクノロジーを改良すれば、さらに有用性が高まる可能性を秘めている。だからこそ中国政府は現在進行形で風水の研究を行っているというのだ。その中心的な役割を担っているのは、言うまでもなく第０９１気象研究所である。

風水に関する研究課題は多岐にわたるが、特に軍事転用可能な風水の利用法開発が大きな眼目になっているという。これは、第０９１気象研究所が人民解放軍内部の組織であることを考えれば、当然のことである。

通常、風水と言えば、運気を上昇させるためのテクノロジーであると考えがちである。このようなテクノロジーは、軍事的にはあまり重要な意味を持たない。軍事転用を視野に入れた場合には、自国あるいは自軍の運気を上昇させるよりも、敵にダメージを与える逆風水が有用なのだ。

風水は運気をコントロールする技術である。運気とは「理」ではとらえられない事象、我々が通常「偶然」と呼ぶ事象を支配するエネルギーである。

一方、逆風水は邪気をコントロールする技術である。邪気も、やはり我々の「理」を超えた現象を支配する負のエネルギーである。このエネルギーが霊象や超常現象を引き起こすのだ。

邪気をコントロールすれば、敵に対して、敵の「理」を超えたダメージを与えることができる。だから軍事的には風水よりも逆風水こそが重要になるのだ。

逆風水の封印を解くと何が起きるか

実は、第091気象研究所が封門村の封印を解いたのは、逆風水を復活させ、逆風水を研究するためなのである。

逆風水の封印を解くと何が起きるか。恐らく第091気象研究所も完全には把握し切れていなかったのだろう。本当に超常現象が起きるのか半信半疑だったのかもしれない。だから十分な情報管理を行わずに封印を解いてしまったのだ。

その結果、封門村では超常現象が頻発するようになってしまった。村民が原因不明の病気で死亡する事態まで発生したのだ。

しかし封門村はすぐには廃村にならなかった。数十年という長い期間、封門村は第091気象研究所の逆風水実験場として、研究の対象になっていた。その間、逆風水が何をもたらすか。多くのデータが集められたという。

しかし突如として封門村を廃村にする決定が下された。

封門村を廃村にしたのは、研究目的を達成したからではないという。

ちょうどそのころ、中国では携帯電話が普及し始め、インターネットの利用も広がり出していた。それまでは封門村の周囲だけで囁かれていた超常現象に関する噂が、全国に拡散する条件が整っていたのだ。

封門村の超常現象に関する情報は、本質的には軍事機密である。そこに注目が集まるのは好ましい事態ではない。

そこで第０９１気象研究所は情報拡散に先手を打つ形で封門村を廃村にしたのだ。

しかし第０９１気象研究所の決断は遅きに失した。封門村の逆風水は、怪奇現象の情報とともに中国全土に拡散してしまったのだ。

その結果、中国全土からオカルトマニアが押し寄せ、写真を撮り、自らの異常な体験をブログにアップする事態に至ってしまった。

超常現象についての情報が拡散した場合に、その情報自体を隠蔽しようとするのは得策ではない。逆に政府のコントロール下にあるメディアを使って噂の存在を認め、噂を検証するという名目で超常現象を否定する。こうすることによって、問題の本質を隠蔽するのが最も効果的なのだ。

この手法は封門村にも応用された。封門村の怪奇現象に関する複数の検証番組が放映されたのだ。そこで紹介された怪奇現象はバラエティーに富んでいる。コンパスの異常、道に迷うといつのまにか封門村に迷い込む不可解な現象、闇から聞こえてくる怪音、奇怪な発熱、原因不明の内出血、消失する棺など。ネットで拡散していた超常現象の多くがテレビ番組で取り上げられたのだ。

テレビ番組の構成はどれも同じ。番組前半で怪奇現象を紹介し、後半では、すべての怪奇現象は科学的に説明できると結論付けている。

検証番組が放映されると、ネット上には同じ内容の記事や、テレビ番組の内容を自分自身の意見であるかのように表現したブログが大量発生し、封門村の怪奇現象は迷信であるとの論調一色に塗りつぶされてしまった。

意外なことに、中国の言論空間は一見すると自由である。つまり自由に見えるように演出されているのだ。しかし実際は巧妙にコントロールされている。多くの人が自由に意見を表明しているように見えて、実は超常現象などはすべて迷信だという結論に誘導されるようになっているのだ。

中国三大UFO事件

政府が隠蔽を画策!?

第6章

中国三大UFO事件とは

現在の中国では、UFOに関する膨大な情報が飛び交っている。最近では写真などは当たり前で、目撃情報とともにUFOの動画が紹介されることもまれではない。

しかしその大半はフェイクであると言われている。コンピューターで合成された画像や動画が大量に出回っているのだ。しかもソフトウェアの機能が向上し、フェイク画像の完成度は真に迫っている。

どの情報が正しくて、どの情報が捏造なのか、簡単には区別ができなくなっているのだ。また、あまりにも情報が多すぎるので、ひとつひとつの情報を丁寧に検証することも困難になっている。

実は、この状況こそ中国政府が意図的に作り出したものなのだ。もちろん具体的な作戦の実行部隊は第091気象研究所である。このことについては本章の中で詳しく述べることにしよう。

現時点で承知しておいていただきたいのは、最新のUFO情報は検証が困難になっているという事実である。

明らかなフェイク写真が大量にアップロードされている（中国のウェブサイトより）

かつての中国ではＵＦＯ情報は珍しかった。

ＵＦＯに関する情報が報道されると、多くの人が関心を示し、政府機関や学者が検証に乗り出したこともあるくらいだ。もちろん検証結果にも注目が集まり、その検証報告に対して中国全土で賛成反対の声が上がった。

そのような時代のＵＦＯ事件については、膨大な情報と綿密な検証が積み上がっている。ひとつの事件に対して、謎を解明しようとするエネルギーが集中したからだ。

そのような事件の中でも特に奇妙なものが、中国三大ＵＦＯ事件と呼ばれている。

中国三大UFO事件は、それぞれ独立した三件の事件である。

中国では「UFO事件」と呼ばれているが、超常現象と呼んだほうが適切だ。なぜなら三大UFO事件のうち、少なくとも二件の事件は、日本人がUFO事件と聞いて想像するような事件ではないからである。

特に最初に紹介する黄延秋《こうえんしゅう》事件は、あまりにも意外な展開を見せるので、空飛ぶ円盤の出現などを期待していると、驚かれることになるだろう。

二つ目の空中怪車事件は、外形的には大規模な森林破壊事件である。

中国政府の公式見解は自然災害説だ。しかし数々の事象がUFOの関与を強く示唆している。

最後の孟照国《もうしょうこく》事件は典型的なUFO事件である。

宇宙人との接触事件につきもののインプラント、アブダクションが中国でも起きていることを示す好例となっている。

これらの事件は、事象としてはまったく異なる独立の事件である。しかし重要な共通項があるのだ。

どの事件も二十世紀に起きた古い事件である。

どの事件に関しても中国政府の調査チームが綿密な真相究明を行っている。

どの事件に関してもテレビ局が特集番組を作成している。

どの事件に関しても中国政府はメディアを通じてＵＦＯあるいは宇宙人の関与を否定している。

この共通項の裏には何があるのか。

ある中国人の解説によれば、中国政府は調査の過程で地球外生命体の関与を確認したというのだ。しかし中国政府は宇宙人の存在を公式には認めない方針を堅持している。消極的に認めないだけではなく、積極的に隠蔽するのが中国政府の基本姿勢なのだ。

三大ＵＦＯ事件はＵＦＯの存在、さらには宇宙人の存在を強く示唆する事件である。現在でも民間の研究者が真相を究明しようと努力している。

このような動きを封じるために、中国政府はあえて三大ＵＦＯ事件をメディアで取り上げ、その報道の中でＵＦＯあるいは宇宙人の関与を積極的に否定しているというのだ。

中国ではメディアの報道には必ず目的がある。政府の管理下にあるテレビ局が、何十年も前の事件をわざわざ否定した事実。これこそが逆にＵＦＯあるいは宇宙人の存在を間接的に証明しているというのだ。

中国政府が隠蔽しようと画策した三大ＵＦＯ事件とはどのような事件なのか。公にされていないリーク情報も含めて紹介しよう。

黄延秋失踪事件

こうして始まった黄延秋失踪事件

河北省の南に「邯鄲《かんたん》の夢」で知られる邯鄲という街がある。その東に肥郷《ひきょう》県という土地がある。肥郷県一帯は広い平地であり、見渡す限りの畑が広がっている。航空写真で見ると、畑の中に民家が集まっているスポットが見える。そのスポットのひとつひとつが小さな村なのだ。

そうした村のひとつに東北高村《とうほくこうそん》という名の村がある。

一九七七年七月二十七日。この村で奇妙な事件が発生した。村の青年、黄延秋が失踪したのである。

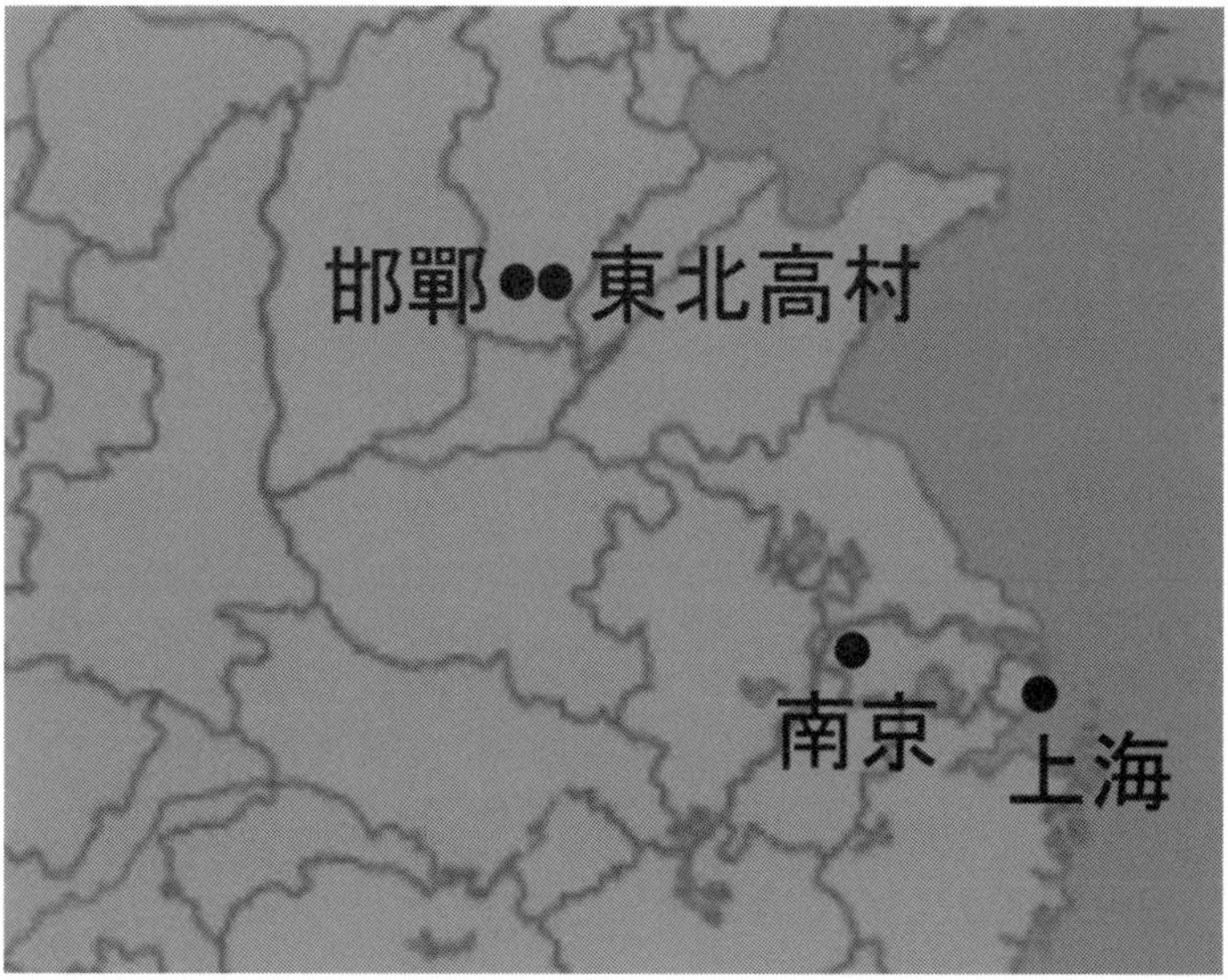

東北高村は非常に小さな村である

黄延秋は間もなく結婚する予定であったことから、自発的に姿を消すとは考えられなかった。東北高村は一キロメートル四方にも満たないくらいの小さな村である。村の中をくまなく探したが、黄延秋の姿は発見されなかった。

黄延秋が失踪したという知らせは周囲の村にも伝わった。そのことが事態を急展開させることになる。

東北高村から三キロメートルほど離れたところに辛寨村《しんさいそん》という村がある。その辛寨村から黄延秋に関する情報が届いたのだ。黄延秋が失踪してから十日後のことである。

辛寨村からの知らせによると、黄延秋についての電報が上海から届いたというのだ。その電報には、上海蒙自路《しゃんはいもうじろ》の遺送駅で黄延秋を預かっているから、身柄を引き取りにこいと書いてあった。

当時、農村から都市への移動は制限されていた。農村からの流民を防止するためである。都市部で農村出身者を発見すると、遺送駅という施設に留置し、出身地に身柄の引き取りを要請していたのだ。

この知らせを受けた東北高村の共産党組織は電報の日付を確認した。上海から電報が打たれたのは七月二十八日であった。黄延秋は二十七日の夜に失踪している。つまり電報は黄延秋が失踪した日の翌日に打たれていたのだ。計算すると、失踪から電報の打電まで十時間の時間差しかなかった。

これを知った共産党組織のメンバーは、電報は何かの間違いであろうと判断した。中国には同姓同名が多い。上海にいる黄延秋は失踪した黄延秋ではないと考えたのだ。

なぜなら、当時、東北高村から上海まで十時間で到達することは不可能だったからだ。東北高村から上海までの距離は千キロメートル以上ある。

当時の長距離移動手段は列車であるが、最寄り駅の邯鄲から上海までは、列車で二十二時間かかるのだ。さらに村から四十五キロメートル離れた邯鄲駅に行く時間も無視することはできない。

列車よりも速い交通手段は飛行機だけだ。しかし当時は邯鄲と上海をつなぐ航空便はなかった。しかも一般人が飛行機に乗ることは許されていなかったのだ。

二十七日の夜に村を出て、十時間後に上海に到達することは、どう考えても不可能であった。

そこで共産党のメンバーは上海の遺送駅に向けて電報を打った。その内容は次のとおりである。


当地の黄延秋の左腕には痣があるはずであるから確認していただきたい。


ところが三日後には意外な返信があった。遺送駅に留置している黄延秋の左腕には確かに痣があるというのだ。

不可解なことではあるが、黄延秋が上海にいる以上、身柄を引き取りに行かなければならない。費用を捻出して、黄延秋のいとこである黄延明、黄延明の近所に住む銭永興、呂秀香の三名が上海に向かった。

黄延明は退役軍人であり、都市の様子を知る唯一の人物であった。呂秀香は兄が上海の高射砲部隊の幹部であり、この機会に上海で兄に会おうと考えたようである。

上海に到着した三人は、まず高射砲部隊の幹部である呂慶堂と面会した。呂慶堂は三人に軍の車両を提供するなど、少なからぬ便宜を図ったようだ。

翌日、一行が上海の遺送駅に到着すると、確かに黄延秋が留置されていた。

このとき黄延秋も呂慶堂と会っている。呂慶堂と知り合ったことが、後の事件と関連するので、もう一度確認しておこう。

呂慶堂は上海郊外の軍事基地で高射砲部隊を指揮する軍の幹部であり、黄延秋とは一度だけ上海で顔を合わせているのだ。このことを覚えておいてほしい。

なぜ短時間で長距離を異動できたのか

なぜ失踪したのか、上海にはどのようにして移動したのか、なぜ短い時間で移動できたのか。当然、黄延秋は質問攻めにあった。

その答えはあまりにも奇妙であった。

七月二十七日の夜、黄延秋は十時ごろに就寝したという。しかし賑やかな音で目が覚めてしまった。

あたりを見回した黄延秋は愕然とする。自分の体が見たこともない街の路上に横になっていたからだ。大きな道路、高い建物、広いプールも見える。

目の前のビルの看板には「南京飯店」と書いてあった。黄延秋は、この看板を見て初めて、自分が南京にいると気がついたという。しかし自分自身でもなぜ南京に移動したのかわからなかった。

正確な時刻は定かではないが、空が明るくなり始めていたというから、深夜というよりも早朝と言ったほうがよいかもしれない。

途方に暮れている黄延秋の前に二人の男が現れた。鉄道警察の服装であったという。男たちは黄延秋に南京駅から上海駅までの列車の切符を渡した。そして黄延秋を南京駅のプラットフォームまで案内した。

男たちは、上海に着いたら駅の派出所に行くように言って、プラットフォームから黄延秋を見送った。

列車は四時間後に上海に到着した。黄延秋が駅の派出所に行くと、そこには南京駅のプラットフォームで黄延秋を見送ったはずの二人が立っていた。そしてその二人が黄延秋を遣送駅に案内したのである。

男たちは遣送駅に着くと、黄延秋のことを河北省肥郷県にある辛寨村の男だと説明した。電報が辛寨村に届けられたのは、このためである。

南京から上海までの移動には不審な点はない。最大の疑問は、なぜ家で寝ていた黄延秋が千キロメートルも離れた南京に移動していたのかという点だ。

これは黄延秋自身にもわからない超常現象であった。あまりにも奇怪な事件であり、地元の村では黄延秋は悪霊に憑りつかれたとの噂も流れた。しかし悪霊と長距離の移動は関係がなさそうである。

誰にも真相がわからないまま、事件は風化するかに見えた。

再び失踪した黄延秋

秋の気配が訪れるころには、黄延秋の生活は元の安静を取り戻していた。

九月八日、黄延秋の家で村の集会が開かれた。その集会での決議で、翌日の早朝から肥料の運搬を行うことになり、村の幹部は若者は早く寝るようにと指示を出した。

その晩、黄延秋は再び失踪したのである。

当時、失踪との関連は明らかではなかったが、黄延秋の家の南の壁には、奇妙な文字が記されていた。それは次のような文字である。

山東　高登民　高延津　放心

山東は山東省、高登民と高延津は人名、放心は「安心しろ」という意味の言葉だ。これが何を意味するのか、この時点では誰にもわからなかった。この文字の意味がわかるのは、第三次黄延秋事件の後になる。

失踪した黄延秋は九月十一日に村に戻ってきた。

この間に何があったのか。黄延秋の証言に従って、事件の顛末を紹介しよう。

九月八日の夜、黄延秋は十時過ぎに就寝した。しかし数時間後には寒さで目を覚ましてしまった。

このとき黄延秋は愕然とする。そこは自分の部屋ではなかった。広場の上だ。

この光景には見覚えがあった。

七月に見た上海駅前の広場だ。黄延秋は再び眠りに落ちているあいだに長距離を移動していたのだ。

駅の巨大な時計は午前一時を示していた。駅の周囲に人影はなく、静まり返っている。

急に風が強まり、雷が鳴った。しばらくすると大粒の雨が降り出した。

故郷からあまりにも遠い上海。頼れる人などいない。このとき黄延秋は高射砲部隊の幹部、呂慶堂を思い出した。

上海で唯一面識のある同郷の有力者。呂慶堂を訪ねれば力を貸してくれるに違いない。

しかし呂慶堂は上海郊外の軍事基地の中に住んでいる。基地は上海駅から四十キロメートルも離れていると言っていた。しかも具体的な住所はわからない。まして呂慶堂の家までの交通手段など見当もつかない。どう考えても呂慶堂の家を訪ねる方法は思いつかなかった。

駅前で佇む黄延秋に二人の男が近づいてきた。二人は黄延秋に声をかけた。

「肥郷の黄延秋さんですよね？」

黄延秋が「そうだ」と答えると、二人は高射砲部隊の者だと名乗った。上司の命令で迎えにきたと言う。そしてこれから基地に案内するというのだ。

黄延秋は恐ろしくなったが、二人についていかなければ駅前の広場に置き去りにされてしまう。結局、黄延秋は二人と一緒に軍の基地に向かった。

上海は黄浦江という川で東西に二分されている。黄浦江の西を浦西、黄浦江の東を浦東という。この呼び方は現在でも使われている。有名な観光地である南京路や豫園《よえん》は浦西にあり、上海ディズニーランドは浦東にある。

黄延秋たちは渡し船で浦東に渡った。そこからバスを乗り継ぎ、高射砲部隊がある軍の基地に到着した。

銃を持った兵士が基地の門を警備していた。

上海は黄浦江で東西に二分されている（中国のウェブサイトより）

黄延秋たちが門を通過するとき、警備の兵士はまるで何も見えていないかのように、反応を示さなかった。黄延秋は門を通過するとき、素性を聞かれることもなく、氏名を訊ねられることもなかったという。

二人の男に先導されて基地内を歩いていると、深夜の訓練をしている兵士たちに出会ったが、彼らもまるで三人の姿が見えていないかのように、何の反応も示さなかった。

黄延秋が軍幹部の事務所に到着したとき、先導していた二人の姿はいつの間にか消えていた。

事務所に向かって声をかけると、七月に呂慶堂の命令で便宜を図った兵士が

「またきたのか」と驚いたという。

事務所の兵士が黄延秋を呂慶堂の家に案内したとき、呂慶堂は会議に出席するため出張に出ていたので、呂慶堂の家族が対応した。

どうやって基地に入る許可を得たのか訊ねた家族は、門を素通りしたと聞いて驚愕した。軍の基地は厳重に警備されている。部外者が簡単に侵入できるはずがない。

帰宅後にこの話を聞いた呂慶堂は、黄延秋の素性を疑い、東北高村の共産党組織に個人情報の問い合わせを行ったという。

しかし黄延秋は平凡な農民であった。どう考えても密かに軍の施設に侵入できるような能力も意図もない男なのである。

結局、呂慶堂は息子の呂海山に命じて、黄延秋を上海駅まで送らせた。

当時、中国の農村にも都会に憧れて村を出ようとする若者がいたそうだ。黄延秋もきっと田舎が嫌になって逃げ出したに違いない。

そう考えた呂海山は黄延秋が村に戻ると見せかけて、上海に残るのではないかと疑った。そこでプラットフォームまで同行し、黄延秋を乗せた列車が出発するのを見届けたという。

黄延秋は都会に住むことなど考えていなかった。そのまま故郷の東北高村に戻ったのである。

二カ月のあいだに二度も失踪した黄延秋。村では悪霊の仕業であるとか、黄延秋はただの農民ではないなどの噂が立っていた。東北高村は非常に小さな村である。黄延秋の噂を知らない者はいない。

このプレッシャーに耐えられなくなった婚約者は、裁判所に訴えて出た。婚約を破棄したいというのだ。

後にこの訴えは認められ、目前に迫った結婚の予定は白紙に戻ってしまった。

この事件を黄延秋の狂言だという人がいるが、狭いコミュニティーの中で異常者扱いされ、婚約者からも見放された事実を考えると、事件に巻き込まれた黄延秋にはまったくメリットがない。狂言説では黄延秋の動機を説明することができないのだ。

さらに確認しておかなければならないのは、以上の話には身元の確かな複数の人物がかかわっている点だ。

軍の幹部は、第一次黄延秋事件のときも、第二次黄延秋事件のときも、実際に上海で黄延秋に会っている。言うまでもなく、軍の幹部以外にも複数の目撃者が存在するのだ。

上海で黄延秋に会った人物の中には、後にテレビの取材に対して、顔を出して証言をしている人物もいるくらいだ。

第三者の明確な証言があるので、第一次黄延秋事件も、第二次黄延秋事件も、黄延秋の虚言や思い込みではない。

二つの事件の謎の核心は、短時間での長距離移動である。

数々の証拠が、その事実を裏づけている。しかし、なぜそのような現象が起きたのか、この時点では黄延秋自身にもわかっていない。

その驚くべき理由は、第三次黄延秋事件と呼ばれる事件の過程で明らかになるのだ。

勃発した第三次黄延秋事件

黄延秋が上海から東北高村に戻ったのは九月十一日である。それから十日も経たないうちに、これまでの事件とはレベルが異なる異様な事件が発生する。

九月二十日のことだ。

夕食を終えた黄延秋は、やり残した事務を片づけるために村の事務所に行き、十時過ぎに自宅に向かった。歩いている途中、自分を監視するかのような視線を常に感じていたという。

自宅に戻った黄延秋はなぜか意識が朦朧《もうろう》となり、そのまま気を失ってしまった。

目を覚ましたとき、黄延秋は見知らぬ部屋のベッドの上にいた。周囲の様子から旅館の一室であることがわかった。

部屋の中には二人の若い男がいた。二人とも身長は一八〇センチメートルくらい。年齢は二十歳前後に見えた。色が白く目が大きいとは感じたが、それ以外には特に変わった特徴はなかった。カバンなどの所持品はまったく見当たらなかった。

男たちは黄延秋にここは蘭州《らんしゅう》だと告げた。

蘭州は黄延秋の村から千キロメートル以上離れた西の街だ。かつてはシルクロードの要衝であった。漢民族の黄延秋にしてみれば、言葉も文化も異なる異郷の雰囲気が漂う土地だ。

黄延秋は再び長距離を移動していたのだ。

若い男たちは、自分たちは山東省の出身者だと言った。そして、南京で出会った鉄道警察も、上海で軍の基地に案内した軍人も、実は自分たちであったと告げたのである。

二回目の失踪事件のときに黄延秋の家の南の壁に奇妙な文字が記されていたことを思い出してほしい。それは次のような文字だった。

山東　高登民　高延津　放心

この文字は、山東省出身の高登民と高延津が黄延秋を預かっているから安心しろ、という意味だったのだ。

二人の目的は何か、二人は何者なのか、なぜ黄延秋と接触したのか。黄延秋が訊ねても二人の若者は何も答えなかった。

黄延秋の質問に答える代わりに、二人はあまりにも唐突なことを言い出した。黄延秋を九つの都市に案内してやると言うのだ。

黄延秋は気味が悪くなった。いったんは逃げ出そうと考えたが思いとどまったという。逃げたとしても逃げ切れるはずがないと思ったからだ。

男たちは旅館の従業員と話をして食事を用意させた。男たちは山東省出身と言うわりには、地元の人間とまったく同じ蘭州の言葉を話した。

「私の背中におぶさりなさい」

食事をしながらも黄延秋は落ち着くことはできなかった。

九つの都市に案内するとはどういうことか。

この部屋で眠りにつくと、起きたときには別の都市に移動しているとでもいうのだろうか。

そうなったところで、危害を加えられるわけではない。黄延秋は成り行きに身を任せようと腹をくくり、窓から蘭州の街を見下ろした。

当時の蘭州にはすでに多くのビルが立ち並んでいた。当時農村から都市への移動は制限されていた。まして、はるか遠く離れた西の街だ。河北省の農民の中で、この光景を目にしたことがあるのは自分だけかもしれない。

若い男が急に、「私の背中におぶさりなさい」と言った。

黄延秋は男の言うとおりにした。その直後、思いがけない現象が起きたのである。

黄延秋を背負った男の体が宙に浮き、蘭州の上空を飛行し始めたのだ。地上からの高さは三メートルほどだったという。ビルの上を通過するときも三メートルほどの距離しかなかったそうだ。意外なほどの低空飛行である。

背中からは体温が伝わってきた。不思議なことに風の抵抗はまったく感じなかったという。

一時間後に三人は北京に到着した。蘭州から北京まで飛行機でも二時間はかかる。黄延秋の体感では「走るくらいのスピード」だったそうだが、実際は超高速で移動していたのだ。

北京に到着した三人は「長安劇院」という名の劇場で、『逼上《ひつじょう》梁山《りょうざん》』という題目の演劇を鑑賞した。長安劇院という劇場の名は、後に非常に重要な意味を持つことになるので、頭の片隅に留めておいてほしい。

劇場の前には大勢の人がいて、チケットを買って入場していたが、三人はチケットを買わずに門を素通りして劇場に入った。入口の職員は、三人が通過するとき、何の反応も示さなかったという。

黄延秋が上海の軍事基地に入ったときのことを思い出していただきたい。基地のゲートは武装した軍人によって警備されていた。しかし、黄延秋たちがゲートを通過するとき、警備兵は何の反応も示さなかった。それと同じ現象が北京の劇場でも発生したのだ。

これは間違いなく二人の若い男、高登民と高延津の特殊能力により、知覚あるいは意識が封じられた結果だ。

劇場を出た三人は天安門前広場に移動し、十分ほど広場を散策したのちに、広場に近い旅館に入った。若い男はフロントに共産党幹部の紹介状を提出し、部屋を予約した。そのとき話していた言葉は、完璧な北京語だったという。

次の日には空中を飛んで天津に移動した。天津では映画『苦菜花』を鑑賞している。そしてまた空中を飛んでハルピンに移動した。

九月のハルピンはすでにかなり寒くなっていた。若い男が防寒用の衣服と靴を調達してきたので、三人は寒さに耐えられる服装に着替えてハルピンの街を散策した。このとき黄延秋たちは百貨店に入り、見物している。

ただし何も買い物はしなかった。黄延秋は、土産物を買ったり、移動先で手に入れたものを持ち帰らないようにと厳しく言い渡されていたのだ。

天津の後は長春へ移動し、長春の後は瀋陽に移動した。不思議なことに、都市と都市の距離が長くても短くても、移動にかかる飛行時間は常に一時間だった。

瀋陽の次は、はるか南の街、福州に移動した。移動時間はやはり一時間。ここでも新たな衣服を調達し、服装を変えている。九月の福州で防寒用の服を着ていたら、暑くて仕方ないからだ。

福州の海岸で黄延秋は生まれて初めて海を見たという。当時の農村には一生海を見ずに過ごす人たちが大勢いた。黄延秋にとっては、海を見ただけでも非常に貴重な体験をしたことになる。

福州の次は南京に移動した。このときは夜間の移動であった。

南京には長江大橋という名の橋がある。中国には無数の橋があるが、長江大橋ほど有名な橋はないだろう。

長江大橋は中国共産党のインフラ事業の中で、記念碑的な建造物なのだ。一五〇〇メートルを超える巨大な橋を中国の技術だけで完成させた。これは当時としては画期的なことであった。中国での知名度は、日本でのレインボーブリッジを凌ぐと言っても過言ではない。

余談ではあるが、現在の長江大橋は心霊スポットとしても有名である。長江大橋は橋の下を大型の船が航行できるように、非常に高い位置に造られている。その高度が災いして、飛び降り自殺の多発地点になっているのだ。

自殺者の霊魂はその場にとどまり、生きた人間を死に誘うというのが中国の常識だ。なぜ長江大橋が心霊スポットなのか、おわかりいただけるだろう。ただし、長江大橋が心霊スポットとして有名になるのは、黄延秋事件よりも後の話である。

福州から飛来した黄延秋たちは、その長江大橋の上に舞い降りた。そこで日の出を見ている。南京の次は西安に移動した。その日は中秋節と重なっていた。空には満月が輝いていたという。西安の月を眺めた後に、三人は出発地点である蘭州に戻った。

蘭州で眠りについた黄延秋が目を覚ましたとき、彼は東北高村の自宅の庭にいた。庭に生えている棗《なつめ》の木の下だったという。時刻は夜十時であった。

以上が、三度目の失踪に関する黄延秋の説明である。

矛盾も誤りも見られない黄延秋の証言

第一次黄延秋事件のときも第二次黄延秋事件のときも、移動先で黄延秋に出会った目撃証人がいる。しかし第三次黄延秋事件に関しては目撃者がいない。しかも黄延秋を背負った男たちが空を飛んだという証言はあまりにも突飛であり、黄延秋の証言には多くの疑問の声が上がった。

当然、黄延秋の証言の検証が始まった。

黄延秋の証言はかなり詳細であり、各都市の事情と照らし合わせると矛盾は見い出せなかった。また中国各地の気象台が保存していたデータと照合すると、黄延秋が証言した旅行先の天気は気象台のデータと一致したのである。

黄延秋事件が発生したのは一九七七年である。当時は中国各地の情報を収集するだけでも大変な労力を必要とした。そのような制約の中で検証した結果、黄延秋の証言には決定的な誤りは発見されなかった。

このため、黄延秋事件は中国の超常現象の中でも最も奇怪な事件として、語り継がれることになる。

事件の真相についてはさまざまな説が提唱されている。議論の焦点は、黄延秋を背負って飛んだ高登民と高延津の正体だ。この二人は現在では「飛行人」と呼ばれている。

ある人は飛行人の正体は空を飛ぶ妖怪だと言っている。

しかし飛行人が人間と同じ姿をしており、さらに人間の言葉を話していたことから、妖怪ではないだろうという意見が大勢を占めている。中国では妖怪は「それらしい」姿をしていると考えられているのだ。

有力なのは、飛行人の正体は宇宙人だという意見だ。特にUFO研究家はこの説を支持している。

UFO研究家は当時すでに中国各地のUFO目撃情報を収集していた。彼らは黄延秋事件の前後に河北省でUFOが目撃されているという情報をつかんでいたのだ。このことと黄延秋事件には何らかの関わりがあるはずだと言うのである。

中国にはこの説の支持者が多いが、いくら宇宙人でも飛行装置を使わずに空を飛ぶことはできないはずだと考える人たちもいる。

そこで第三の意見として、飛行人の正体は超能力者であるという説がある。

中国には古くから空中を飛ぶ能力を持つ人、つまり仙人がいるという伝説がある。仙人は現在の言葉で言えば、超能力者である。人間の姿をしていて、人間の言葉を話し、空を飛ぶ。この条件に当てはまるのは、中国の伝統的な考え方によれば、仙人しかいない。それを現代風に表現すれば、超能力者ということになるのだ。

第三次黄延秋事件の発生以後、飛行人の正体は宇宙人であるという説と、超能力者であるという説が併存しながら、不気味な超常現象の発生そのものには根本的な疑問は提出されてこなかった。

ところが二〇〇〇年以降に新たな展開が始まったのである。

成功しているとは言い難い第091気象研究所の作戦

宇宙人説にせよ、超能力者説にせよ、そのような存在を一般の民衆が信じている状況そのものが中国政府にとっては好ましい状態ではない。なぜなら宇宙人や超能力者は、共産党の権威を超える存在になりうるからである。

第091気象研究所はかなり長い時間をかけて、黄延秋事件を葬り去る準備を整えていたと言われている。

その準備活動の結果は、テレビ番組を通じて炸裂した。黄延秋の証言に決定的な矛盾が含まれていると報道されたのだ。

三度目に失踪したとき、黄延秋は北京で演劇を鑑賞したと証言している。そのときの劇場の名前は「長安劇院」であった。これが黄延秋の説明である。

北京には確かに長安劇院という劇場がある。しかし古い資料を調査したところ、黄延秋が

ＣＣＴＶが放映した黄延秋事件の検証番組の一場面

演劇を鑑賞したと言う一九七七年九月二十一日に、演劇を鑑賞することは不可能だったのだ。その日、長安劇院は改修工事ために閉館中だったのである。

テレビ番組は、黄延秋事件は虚言もしくは夢遊病の一種であり、実際には超常現象は何ひとつ起きていないと結論づけた。

上海で黄延秋と出会った人たちの証言は、すべて目立ちたがり屋の嘘だと断定されたのである。

このテレビ番組については賛否両論ある。

中国各地を飛行して回ったという話を夢遊病だと結論づけた点については賛成する人が多い。

しかし黄延秋が上海に現れたことすら否定する結論には批判が多い。上海からの電報、軍関係者の証言、村から上海に赴《おもむ》いた人たち。あまりにも証拠が多すぎる。それらすべてを嘘だと断定するのは、強引すぎるのだ。

ほかにも疑問がある。なぜ二十一世紀になってから、一九七七年の古い事件を特集したのか。

第０９１気象研究所の情報を収集している人物の情報によると、飛行人の正体は宇宙人ではなく超能力者だったようだ。

第０９１気象研究所は中国各地の超能力者を囲い込んでいるが、事件を起こした飛行人たちは第０９１気象研究所の管理下に入っていなかった。だから目立つ事件を起こしてしまったのだ。

彼らがなぜ黄延秋に接触したかについては、次のように言われている。

非常に低い確率ではあるが、一般人の中にも空中を移動する能力を持つ人がいる。ただしそれは潜在的な能力であり、適切に開発しなければ、その能力は発揮されない。

黄延秋はその潜在能力を持つ珍しい人物であった。

飛行人たちは、黄延秋の能力を開花させ、自分たちの仲間を増やすために黄延秋に接近したのだ。

しかし黄延秋の能力が目覚める前に騒ぎが大きくなり、黄延秋が政府の監視下に入ってしまったため、飛行人たちは黄延秋との接触を諦めたというのだ。

潜在能力がない人物を背負うと、飛行人ですら飛行することはできない。黄延秋が空を飛べたのは、特殊な潜在力があった証拠なのだそうだ。

何十年も昔の資料を調査し、黄延秋の証言の矛盾を探し出して特集番組を放映したことで、黄延秋事件を疑う人が増えたのは事実であるが、テレビ報道によって関心が高まり、超常現象の存在を信じる人も増えてしまった。

この事件に関する限り、第０９１気象研究所の作戦は成功しているとは言い難い。

空中怪車事件

飛行する赤や緑の強い光を発する「何か」

貴州省《きしゅうしょう》は中国有数の森林地帯である。亜熱帯気候で明確な四季の区別はない。だから植物は一年を通して成長を続けることができる。

貴州省の省都である貴陽《きよう》の間近にも森がある。天鵝湖《てんがこ》森林公園という広大な森林地帯である。地元では気軽に行けるリゾート地として親しまれているこの森。実は、中国全土に知られている怪現象が発生した土地なのだ。

一九九四年のことである。

日付が変わって十二月一日になったばかりの午前三時ごろ、天鵝湖森林公園内で不気味な

広範囲にわたって破壊された天鵝湖森林公園内の森林（中国のウェブサイトより）

怪音が鳴り響き、付近に住む数多くの住民や林業従事者が目を覚ました。

屋外からものすごい風の音が聞こえていた。窓の外を見た住民の中には、赤や緑の強い光を発する「何か」が飛行しているのを目撃した人もいる。

住民たちが耳にした怪音は錯覚や幻覚ではなかった。後日明らかになったことだが、その夜、天鵝湖森林公園内の森林が広範囲にわたって破壊されていたのだ。

その規模は常軌を逸していた。

長さ三キロメートル、幅は狭いところで百五十メートル、広いところでは三百メートルの範囲で、樹木がなぎ倒されていたのだ。

倒された木の多くは直径二十から三十

センチメートル、高さは二十メートルほどの樹木であったという。松の木が多かったという。高さ四メートルほどのところで折れているものもあれば、二メートル弱のところで折れているものもあった。さらに根が引き抜かれるように倒されている木もあった。

ほとんどの樹木は西に向かって倒されていたという。

奇妙なことに、木が倒されていた区域の中には、まったく被害を受けていない樹木もあった。また、被害を受けた区域の周囲の樹木には何かが擦過した跡が残っていたという。

破壊された森林から五キロメートルほど離れた鉄道基地でも被害が発生していた。

プラスチック製の屋根が吹き飛ばされ、レンガの壁が倒され、金属製の柱が曲げられていた。さらに重量五十トンの車両が傾斜に逆らって二十メートルも移動していた。

未知の巨大なエネルギーが深夜の鉄道基地に襲いかかっていたのだ。

以上が後に空中怪車事件と呼ばれることになる怪事件の概要である。

学者たちが指摘した二つの可能性

空中怪車事件は単なる超常現象ではない。広範囲にわたって森林資源が破壊され、大きな経済的被害が発生しているのだ。さらに大きな懸念もある。もしも再び同じ現象が発生すれば、人命が失われる可能性が十分に考えられたのだ。

当然、空中怪車事件の原因究明が始まった。現地調査と気象データの分析から、学者たちは二つの可能性を指摘した。

ひとつはダウンバースト説である。

ダウンバーストとは、積乱雲などから発生する非常に強力な下降気流である。ダウンバーストは地上付近に達したのち、地表にぶつかって水平方向に広がる。この広がりは数キロメートルにも及ぶのである。

ダウンバーストは台風並みの爆発的な気流であり、かなり太い樹木をもなぎ倒すエネルギーを秘めている。

現場の被害状況からは、ダウンバーストである可能性が高いようにも思われたが、付近の住民の証言を考慮すると、ダウンバースト説には弱点があった。

非常に多くの住民が、十二月一日の深夜に強い風の音を聞いたと証言している。気象の専門家によると、住民が聞いた音はダウンバーストの特徴とは異なるというのだ。

そこでもうひとつの可能性が指摘された。

それはダウンバーストとは逆の上昇気流、つまり竜巻説である。

竜巻のエネルギーも非常に大きい。樹木はもちろん、家屋をも破壊することがある。そして住民が聞いた風の音は竜巻の音に近かったのだ。

結局、空中怪車事件の原因については、ダウンバースト説と竜巻説の二者択一という状況が演出された。

ところが時間が経つに従って、ＵＦＯ情報を収集していた人たちから別の可能性が指摘されるようになったのである。

彼らはダウンバースト説にも竜巻説にも大きな疑問を抱いていた。

科学者たちは事件当日の気象データを分析し、ダウンバーストが発生しても不思議はない気象条件が整っていたと言っている。この条件は同時に、竜巻が発生しうる条件と重なるのである。

しかし気象データにはダウンバーストそのものの記録も、竜巻そのものを記録したデータも存在しないのだ。

さらに重要な事実がある。実は天鵝湖森林公園の一帯では、竜巻が発生したことは一度もなく、ダウンバーストが発生した記録もまったくないのだ。

つまり天鵝湖森林公園の周囲は、地形的に竜巻やダウンバーストが発生するような土地ではないのである。

UFOが関与しているのか

空中怪車事件が自然現象ではないとすれば原因は何か。

破壊された森林の様子を見ると、真っ先に頭に浮かぶのは航空機事故だ。帯状になぎ倒された樹木は、飛行機が地表と平行に近い角度で墜落した跡のように見える。

しかし空中怪車事件が航空機事故でないことは明らかだ。飛行機の残骸などは一切発見されていないし、航空機が墜落したのであれば、航空当局が情報を把握しているはずだからである。

そうなると航空機以外の大きな飛行物体が、何らかのトラブルを起こして、地上スレスレに飛行したとしか考えられない。

実は、このロジックを裏づけるような情報が報告されているのだ。

まず確認しておきたいのは、空中怪車事件が発生した深夜の状況である。

十二月一日の深夜、大きな風の音で目を覚ました住民たちは、空中で光を発する飛行物体を目撃している。光る飛行物体を目撃した人は非常に多い。少なくとも数十人が口を揃えて空に浮遊する光を見たと言っているのだ。

暴風の中を悠然と飛行する発光体。それは航空機ではない。ＵＦＯ研究家の中には、住民たちが見た光こそがＵＦＯであり、そのＵＦＯが空中怪車事件の犯人であると言う人もいる。

さらに事件発生現場の調査結果の一部が隠蔽されているという情報がある。

発表されているのは樹木の被害状況だけであるが、実は事件発生地に近い複数の地点で円形の痕跡が発見されていたというのだ。

その痕跡は黒く焼け焦げていたが、圧し潰された形跡はなかった。つまり、わずかに空中に浮遊している「何か」から放出された熱で炭化したのである。

さらに円形の痕跡が見つかった土地の土が、放射線を分析する施設に持ち込まれていたことも判明した。調査隊のメンバーは円形の痕跡を発見していたにもかかわらず、情報を隠蔽していたのだ。

この情報は、放射線の検査施設からリークされたと言われている。もちろん調査隊のメンバーは円形の痕跡について一切のコメントを残していない。

また、空中怪車事件の直後である十二月九日には、天鵝湖森林公園の付近でＵＦＯの目撃情報が報告されている。

早朝五時四十五分ごろ、車を運転中のＹは上空に強い光を発する飛行物体を発見した。この時間、空はまだ暗く、光は非常に鮮明に見えたという。

光は、最初は白かったが、徐々にオレンジ色に変わり、二から三分間隔で点滅し始めた。Yは車を停めて光を観察した。二十分ほどすると発光体は突然消滅したという。

この目撃証言は、空中怪車事件が発生した夜に多くの住民が目撃した発光体の話と非常によく似ている。

空中怪車事件にはＵＦＯが関与している可能性が非常に強いのだ。

すでにUFOが貴陽に出現していた!

空中怪車事件は森林破壊というあまりにも明確な痕跡を残したため、中国全土の注目を集めた。しかし実は同じ年の二月には、空中怪車事件の序章とでも言うべきＵＦＯ事件が発生していたのである。この事件は目立った痕跡を残さなかったため、闇に葬られつつあった。

一九九四年二月九日の午前九時四分。杭州から貴陽に向かっていた中原航空の旅客機に異常事態が発生した。

レーダーが正体不明の飛行物体を捉え、警告音を発したのだ。その時の高度は四千二百メートル、飛行速度は毎時八百キロメートルであった。

謎の飛行物体は旅客機の前方を左右に振動しながら飛行していた。飛行機にしてはあまりにも不自然な動きである。旅客機搭載のレーダーが故障した可能性も考えられた。

機長は直ちに管制官に連絡し、管制官は空軍に通報した。

驚くべきことに、常識ではありえない動きを示す飛行物体は、空軍のレーダーにも捉えられていた。空軍はこの情報を管制官に提供した。

実際に不気味な飛行物体が存在することを確認した機長は、航路を変更して空港に着陸した。

この機体はその日のうちに再び広州に向けて飛び立つ予定であった。予定通り広州行きの乗客が搭乗したが、そこで小さなトラブルが発生した。旅客機はなぜか定刻を過ぎても離陸態勢に入らなかったのだ。

実はこのとき、中国南方の複数のレーダーが異常な飛行物体を捉えていた。その飛行物体は空港近くの空域を飛行していた。広州行きの旅客機が離陸すると安全が確保できない。そこで旅客機は離陸できずに待機していたのだ。一部の乗客が抗議して一時機内は騒然としたが、四十分後に離陸態勢に入ったため、騒ぎは大きくならずに終息した。

このとき、レーダーから正体不明の飛行物体の姿が消えていたのだ。

この一件は機密扱いとされ、関係者以外には誰も事件の真相を知らなかった。

しかし空中怪車事件が発生したため、ＵＦＯの関与を疑う人たちが事件前後の異常事件を調べ始めたのだ。この調査の過程で、中原航空の職員から、UFOによる航路妨害事件が暴露されたのである。

つまり空中怪車事件が発生する十カ月前には、すでにUFOが貴陽に出現していたことになる。

政府の関係者は、UFOによる航路妨害も、空中怪車事件へのUFOの関与も知っている。しかし、いかなる事件が発生しようとも、UFOが関与しているという核心部分は決して明らかにしない。これは中国政府の方針であり、第091気象研究所の行動基準でもある。UFOに関する情報、言い換えれば宇宙人に関する情報はすべて国家が独占する。これが中国に限らず、地球規模での常識だ。

UFOや宇宙人の存在を認めてしまうと、多くの人が宇宙人探しを始めるだろう。そのような状況になれば、社会の秩序が破壊される危険がある。なぜなら宇宙人はすでに人類に混じって生活しているからだ。

第091気象研究所の内部情報をリークした人物は、各国の政府が宇宙人の情報を隠蔽する理由をそのように語ったという。

孟照国事件

白く巨大なオタマジャクシ形の発光体

一九九四年、世界の天文学者たちは世にも珍しい天体ショーの観測準備に追われていた。彗星の軌道計算の結果、シューメーカー・レヴィ第９彗星が土星に衝突することが確実視されていたからである。

それと同じころ、中国北部で奇怪な目撃証言が相次いでいた。

中国北部、黒竜江省に鳳凰山という山がある。現在の鳳凰山の周辺は、美しい森に恵まれた景勝地として知られている。しかし当時の中国は経済発展前の落ち着いた時代であったから、観光客で賑わうような土地ではなく、農業や林業に従事する人たちが暮らす静かな土地であった。

その鳳凰山の周囲で五月ごろからＵＦＯの目撃が相次いでいたのだ。しかし当時は今のように情報の流通が盛んではなかったから、付近の住民の中にもＵＦＯの目撃情報を知らない人がいたようである。

一九九四年六月五日のことである。

鳳凰山周辺の紅旗林場で働いていた孟照国《もうしょうこく》は、鳳凰山の南側斜面に白く光る巨大な物体を発見した。この季節に雪が降るはずはない。孟照国は気象観測用の気球が落下したのだと考えた。

中国では金属片やプラスチック片を資源ゴミとして買い取る業者がいる。孟照国は気球の残骸を回収しようと考え、次の日に親戚の男一人を誘って鳳凰山に登った。ロープが手に入れば儲けものだと考えて鎌を持参したという。

山道が整備されていなかったため、白い発光体に近づくのは容易ではなかった。四時間以上かけて道なき道を歩き、あと百メートルほどで目的の地点に到着する所まで迫った。

そのとき、ようやく発光体の正体が見えた。それは気球などではなかった。白く巨大なオタマジャクシ形の発光体だったのだ。高さは三メートル。長さは数十メートルもあったという。

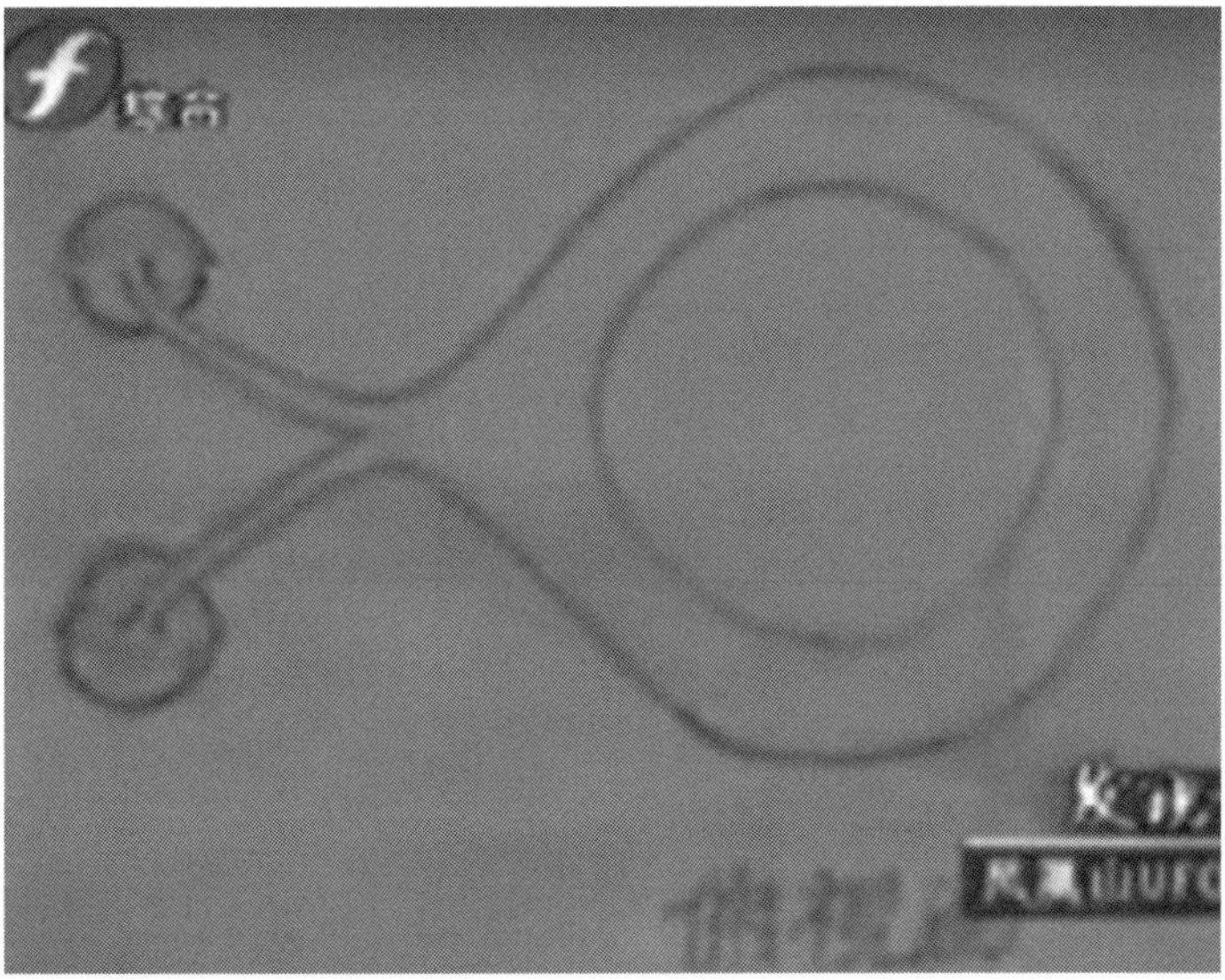

孟照国の証言に基づいて描かれたＵＦＯの姿（孟照国事件の検証番組より）

孟照国は手に鎌を持ってさらに近づいた。すると、その不思議な物体は、耳を切り裂くような音を発した。そしてベルトと鎌から電気が走るような衝撃が走った。同行した親戚の男も同じような衝撃を感じたという。

恐怖を感じた二人は、そのまま逃げ帰った。

山を下りた二人は、すぐに自分たちの体験を営林署の幹部に報告した。営林署の幹部は山菜を取りに鳳凰山に入った別の村人からも不思議な発光体の話を聞いていたので、発光体の調査を行うことを決定した。

次の日はあいにく雨天であったため、三日目に総勢三十名の調査隊が鳳凰山に登った。孟照国が先頭に立って案内したという。発光体を目撃した地点を遠望できる地点に到達したとき、部隊のメンバーが望遠鏡を使って白い発光体を探したが、何も発見することはできなかった。

このとき衝撃的な事件が起きたのだ。

孟照国は望遠鏡を受け取り、自分自身で発光体を探し始めた。すると突然「来た」と叫んで卒倒してしまった。草むらの中に倒れた孟照国は全身を痙攣させていた。

調査隊のメンバーは二手に分かれ、一方は孟照国を現場から一番近いプレハブに運んだ。残りのメンバーは調査を継続したが、何も発見することはできなかった。

孟照国を診療した医師の証言によると、血圧、脈拍、呼吸は正常であったが、意識レベルが低下していて、光や金属を恐れていたという。さらに孟照国の眉間には深部に達する火傷があった。

後の孟照国の証言によると、望遠鏡で発光体を探していたときに、視野に突然宇宙人が現れたという。

宇宙人の姿は人間に似ていたが、目は異常に大きかった。手にはマッチ箱くらいの大きさの装置を持っていて、そこから孟照国に向けて強力な光を放射した。その光を浴びてから意識を失ったというのだ。

ピンポイントで眉間を焼く光。恐らくそれは強力なレーザー光線であろう。今の中国ではレーザーポインターを入手することは誰にでもできるが、当時はレーザー技術そのものがまだ一般的ではなかった。

孟照国の眉間の火傷は、宇宙人との遭遇を間接的に証明する十分な証拠であった。

宇宙人からレーザー攻撃を受けたというだけでもセンセーショナルな事件であるが、この一件は、後に「孟照国事件」と呼ばれることになる一連の怪事件の序章に過ぎないのである。

皮膚の下に何かをインプラントされる

宇宙人からのレーザー攻撃を受けた直後に孟照国は奇妙な体験をしている。

プレハブの中で朦朧としていた孟照国の前に女の宇宙人が現れたのだ。背は高く、体に密着するような服を着ていた。目は牛の目くらいに大きかったという。

その場には孟照国の兄を含む複数の人物がいた。宇宙人は部屋の中の男たちに、孟照国の服を脱がせるように指示した。男たちはその指示に従い、孟照国は服を脱がされてしまった。

宇宙人は孟照国の体を撫でるような動作をした。電気が走るような痛みを感じて叫び声を上げたが、その場にいた人たちは誰も反応を示さなかったという。

宇宙人が姿を消してから痛みを感じた部位を確認すると、およそ五ミリメートル四方の痣ができていた。皮膚の下に何かをインプラントされたのだ。

その場にいた人たちになぜ宇宙人の指示に従ったのか訊ねたところ、誰も宇宙人のことは覚えていなかった。彼らの意識は宇宙人にコントロールされていたのだ。

それから数カ月後のことになるが、孟照国は痣の下に埋め込まれた異物に違和感を覚え、常にその部位を触ったり叩いたりしていた。すると、皮膚が破けて埋め込まれたカプセル状の物体が排出されたというのだ。

その表面には粘り気があり、ゴムのような弾性があった。引っ張ると三センチメートルくらいに伸び、手を放すと元に戻ったという。孟照国はそのカプセルを保存していたが、孟照国の妻が不注意で捨ててしまった。

話をインプラントの数日後に戻そう。

自宅に戻った孟照国は、さらに奇妙な体験をする。

体力を回復した孟照国は、その夜、家族とともに就寝した。その部屋に宇宙人が現れたというのだ。

孟照国が気づいたとき、宇宙人はベッドの上で浮遊していた。今度も女の宇宙人だった。姿は地球人の女性とほとんど変わらない。身長は三メートルもあり、よく見ると手の指は六本だった。

孟照国の横には孟照国の妻と子供が寝ていたが、熟睡しているらしく、宇宙人の存在に気がついているのは孟照国だけであった。

しばらくすると宇宙人は孟照国の上に下りてきた。

その後、何も言葉を交わすことなく、四十分ほどの時間をかけて宇宙人は孟照国と性交したという。

宇宙人の肌は人間の肌に近い色であったが、わずかに紫色で、所々に赤や青の斑点があった。脚には非常に太い毛が生えていたが、その毛はとても柔らかく、肌に触れても痛くはなかったという。

再び姿を現した宇宙人

七月十六日。さらに驚くべき事件が発生した。

その日、そろそろ就寝しようとしていた孟照国の前に再び宇宙人が現れたのである。

その宇宙人は壁をすり抜けて部屋に入ってきた。前回現れた宇宙人よりも身長が高く、性別は男であった。目が大きく、体に密着する服を着ていたという。

宇宙人は中国語で「ついてこい」と言った。孟照国が「どこに行くんだ」と訊ねると、宇宙人は孟照国の手をつかんで壁のほうに移動した。

数秒後、驚くべきことに孟照国の体は宇宙人とともに壁をすり抜けて外に出ていた。

宇宙人は大きな布のようなもので孟照国の体を包んだ。すると、その布のようなものは孟照国の体に密着したという。

おそらく特殊な繊維でできた包装装置であろう。外側には取っ手のようなものがついていて、宇宙人がその部分をつかむと、空中に浮かび上がり移動を始めたという。

その日は天候の加減か、空中は漆黒の闇であった。しばらく飛行すると、光が見えてきた。見下ろすと、そこは深い谷で、谷の底には多くのUFOが並んでいた。

孟照国は谷底に降り、一台のUFOの内部に案内された。

UFOの内部には、さらに背が高い宇宙人が浮遊していたという。周囲の宇宙人にネズミが鳴くような高い声で命令をしている様子を見て、孟照国は浮遊している宇宙人がリーダー的な存在であると判断した。

そこで孟照国はなぜ地球にきたのか訊ねたという。

すると浮遊している宇宙人は中国語で目的は三つあると答えた。ひとつは彗星の衝突から避難するため、もうひとつは地球人の精子を採取するため、さらにもうひとつは地球の状況

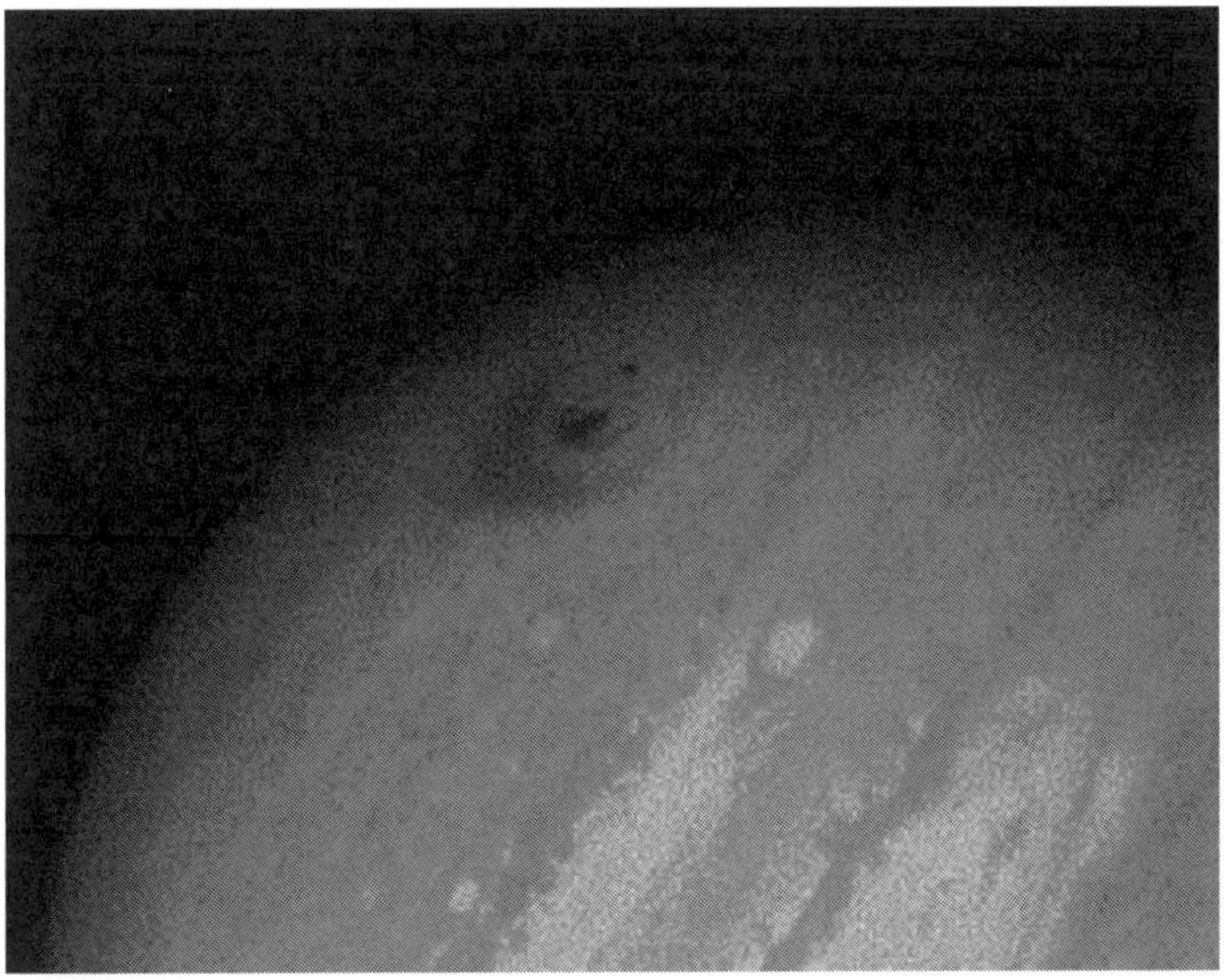

土星表面に残された彗星の衝突跡（ウィキペディアより）

を調査するためだと言うのだ。

奇しくもその日、七月十六日は、分裂したシューメーカー・レヴィ第９彗星が土星に衝突を開始した初日である。

もともとひとつの彗星であったシューメーカー・レヴィ第９彗星は土星の重力によるひずみで四分五裂していた。その一部が七月十六日から土星に衝突を始め、二十二日まで次々と衝突を繰り返したのだ。その衝撃により、土星表面には最大で地球の直径に相当する衝突痕が残った。

地球で同じことが起これば、地球上の生命体が全滅するほどの大衝突である。

土星は巨大であるから、彗星衝突の影響は相対的には少ないが、それでも地上の構造物をすべて崩壊させるくらいの地震が発生する。

この大災害を避けるために土星人が避難したというのであるから、話のつじつまは合っているのだ。

孟照国は自分と性交した女性の宇宙人に会いたいと言ったが、その希望はかなえられなかった。その代わりに、六十年後に孟照国の子供が地球外で生まれること、さらにその子供に会う機会が与えられるであろうと告げられた。

その後、孟照国は自宅の前までできた時と同じ方法で送り返されたという。

孟照国は何のためにＵＦＯの中に案内されたのか。明確な理由は示されていない。おそらく女性の宇宙人がどんな地球人のＤＮＡを受け取ったのか観察するつもりだったのだろう。

以上が中国全土を騒がせた孟照国事件の顚末である。

有効な対策を打てなかった第０９１気象研究所

孟照国事件が地元の新聞で報道されると、たちまち中国全土の話題になった。中国各地の報道陣が次から次へと黒竜江省に押し寄せ、孟照国に面会を求めたのである。

それだけではない。当時は世界的にＵＦＯに対する関心が高まっていたせいもあり、中国国内だけではなく、台湾や香港のメディアも取材に訪れ、さらにイギリスＢＢＣをはじめ、欧米のメディアでも取り上げられる騒ぎになったのだ。

孟照国の娘は、高級車で乗りつける記者たちから、農村では珍しい菓子や衣服をプレゼントされたと回顧している。

事件に注目したのはメディアだけではない。

共産党幹部もこの事件に興味を抱き、複数の要人が孟照国と面会するために黒竜江省を訪れたと言われている。

政府の委員会や大学などの研究機関も調査に乗り出した。ＵＦＯに一家言ある民間の研究者もこぞって孟照国事件を論評した。

ＵＦＯ事件の調査や情報管理は第０９１気象研究所の任務である。しかしあまりにも多種多様な組織や人物がこの事件に関与したため、孟照国事件の情報は制御不能に陥った。

第０９１気象研究所といえども、すべての学者をコントロールすることはできない。まして外国のメディアを自在に操ることなど不可能なのだ。

数々のメディアが孟照国のインタビュー記事を掲載し、中国全土で賛否両論が飛び交った。

そこまでは想定できるが、さらに状況は複雑化した。

二つの政府組織が異なる見解を表明したのだ。

黒竜江省科学技術委員会は、孟照国事件を完全否定し、すべては孟照国の幻覚あるいは錯覚であると結論づけた。

その一方で独自調査を行っていたハルピン工業大学の教授が、孟照国事件は真実であると表明したのである。

中国では大学は政府の影響下にある。このような重大事件については、各組織の見解をすり合わせて、矛盾のない情報を流すのが本来の流儀だ。

しかし孟照国事件の調査には、あまりにも多くの人が関与したため、意見を集約して統一見解をまとめる以前に、それぞれの意見が発表されてしまったのだ。

結局、孟照国事件は、グレーなUFO事件として、後の世にも語り継がれることになった。事件直後の熱狂的なムードの中では、第091気象研究所はほとんど有効な対策を行うことはできなかったのだ。

風化作戦から積極的な情報操作へ

中国で撮影機能付き携帯とインターネットが普及し始めると、中国のUFO事情は新たな局面に入った。UFOの目撃情報が画像付きで拡散される時代に入ったのだ。しかも誰でも情報の発信者になれるのだ。

このような状況では、ＵＦＯ情報の管理は困難だと考える人も多いだろう。しかし実情はまったく違う。

情報の流通が自由な時代には、その状況に即した情報操作が行われるのである。

現在の中国のウェブサイトには大量のＵＦＯ映像や画像のデータがアップロードされている。そのほとんどはフォトショップで作成されたフェイクである。

中国の画像投稿サイトを見ていると「これは絶対にＰＳではありません」というメッセージをよく見かける。ＰＳとはフォトショップの略であり、ＰＳではないというのは、フェイク画像ではないという意味なのだ。

つまり現代中国では、少しでも興味深い画像はフェイクだと疑われる状況になっているのだ。ましてＵＦＯの画像を信じるネットユーザーは皆無に等しい。

あえて大量のフェイク画像を流すことにより、本物すらフェイクと見なされる状況を作り出す。これが情報化社会における世論操作だ。

しかも情報が大量に存在するため、過去の事件は情報の海に埋没し、風化してしまう。あまりにも情報が多くなると、ひとつひとつの情報への関心は、限りなく小さくなるのだ。

実は、孟照国事件も、時間の経過と情報の氾濫により、風化しつつあった。

ところがＵＦＯを研究している団体が、孟照国事件を蒸し返したのだ。孟照国を嘘発見器にかけて、証言の真実性を検証したのである。鑑定結果は、孟照国は嘘をついていないと出た。この鑑定結果がブーム再来のきっかけになることは好ましくない。

二〇〇四年ころから孟照国事件に関する積極的な情報発信が始まった。テレビ番組が特集を行い、ウェブサイトには怪情報が流された。

テレビ番組は孟照国の証言が荒唐無稽であるとの印象を与える構成になっている。怪情報は、匿名の人物の告白記事であった。その記事には、孟照国と酒を飲んだ際に、孟照国がすべては作り話だと告白したと記されていた。

これらは孟照国事件全体がフェイクであると印象づけるための情報操作だと言われている。この作戦の実行部隊は言うまでもなく第０９１気象研究所である。

ネット上の新しい論評を見ると、孟照国事件に対して懐疑的な意見が大勢を占めている。なかには孟照国を詐欺師と見なす論評すらあるくらいだ。

事件の直後には有効な対策を打てなかった第０９１気象研究所であるが、二十年以上経った今、彼らの情報コントロールは成功しつつあると言ってよかろう。

第7章

ヒト型未確認生物

中国政府が存在を認めない理由

書物にも残されているヒト型未確認生物

地球上には少なくとも数百万種の生物が生息すると言われている。無数に枝分かれし、進化してきた生物の中で、知的な生命体は人類だけなのか。人間と同じ「心」を持つ生物は存在しないのか。その答えは中国の密林の中に隠されているのかもしれない。

中国の書物には古くから人間に似た怪物の記録が多数残されている。例えば『山海経』には「梟羊《きょうよう》」の記録がある。

梟羊は人面で、体色が黒く、体毛に覆われた怪物である。人に出会うと笑顔を見せたという。さらに脚の向きが人間とは前後逆になっていて、笑うと唇が目を覆うくらいに広がったというのだ。

梟羊の姿については、膝がない、赤毛である、髪が非常に長い、尾があるなどの記録も残されている。さらに人の言葉を話す、人を捉えて食べるとの説もある。

その一方で、人間のほうでも梟羊を捉え、その血を染色に使い、薬としても用いていたようだ。

明代の本草学者である李時珍《りじちん》が著した『本草綱目』には、梟羊は狒狒《ひひ》と同じものだと記されている。狒狒は足が速く、人を食べるヒト型の怪物である。

当時の中国では、梟羊の他にも、人熊、山大人、山鬼、山精、山丈、旱魃《かんばつ》、野人などと呼ばれる怪物が知られていた。李時珍はこれらの怪物はすべて狒狒と同類だと考えていたようである。しかし実際には、すべてが同類というわけではないようだ。

例えば山鬼、山精については次のように言われている。

脚は一本であり、カニを好んで食べる。人間に対して復讐心があり、彼らの領域を侵犯すると、人を病に陥れ、家を焼くなどの報復をする。

紀元前四世紀の詩人屈原は『山鬼』という詩を残している。この山鬼は妖怪であるとか神であるなど、いくつもの解釈があるが、ヒト型の知的な霊長類を意味すると考える人もいる。中国の野人について論評する中国人の多くは屈原の『山鬼』から議論を始めることが多い。

また山丈、山姑については次のように言われている。

脚は一本であり、手足の指は三本である。夜になると人家の門を叩き、物品をせびる。山丈と山姑は同じ生物であるが、オスが山丈で、メスが山姑である。

明の時代のヒト型怪物の中には、遠目から見れば似ているが細部を見ると異なるいくつかのタイプが存在したと考えるべきであろう。

この他にも木客《ぼくかく》と呼ばれる怪物がいたようだ。木客の姿は人間に似ており、髪は長く、手足の爪が鋭利である。人間と交易をしていたこともあるようだ。木客には死者を埋葬する習慣もあったという。木客は怪物や妖怪ではなく、山中で暮す少数民族を見誤ったか、あるいは未知の知的な霊長類ではないかとの意見もある。

また旱魃《かんばつ》という怪物も有名である。旱魃は全裸であり、風のように俊敏に移動するという。目は頭頂部についているというから、他のヒト型の怪物とは明らかに異なる種である。これなどは生物ですらなく、妖怪なのかもしれない。

野人、人熊、山大人、山鬼、山精、山丈、旱魃などの名称には厳密な定義があるわけではなく、人によって使い方が異なる場合もある。同じ言葉が別の意味で用いられるケースもあるようだ

李時珍は、まとめて妖怪だと考えていたようだが、少なくともこれらの「妖怪」の一部はヒト型の知的な霊長類の記録であると考える中国人は少なくない。少なくとも人間と交易していたとされる木客などは妖怪とは言えないだろう。体毛が多い人種である可能性もあるが、そうでなければ人類とは別のヒト型の知的な霊長類である可能性が極めて高いのだ。

日本の画家、鳥山石燕が描いた旱魃の図

時代が下って清の時代には、北京に近い房山に前身が毛に覆われた「多毛人」が生息していたとする記録が残されている。多毛人は洞窟に棲んでいて、時折人間の領域に出没しては、鶏や犬を捕獲していた。恐ろしいことに、人間が食われることもあったようだ。

清代の北京郊外にこのような野人が棲んでいたというのだから、山深い土地にはヒト型の知的な生物が生息していたとしても何ら不思議はない。

中国各地で報告されている目撃情報

文字に記された記録とは別に、中国各地で語り継がれているヒト型の未確認生物に関する噂がある。

例えば浙江省《せっこうしょう》の麗水《れいすい》という土地で、野人の手と足の標本が発見された事件があるそうだ。この標本が作られた経緯は標本発見の十年以上前に遡る。

麗水の西に九竜山という山がある。当時、十二歳であった農家の少女が、九竜山での牛の放牧からの帰り道で、野人に襲われそうになった。

付近の住民たちが少女の叫び声を聞いて集結し、その野人を叩き殺したという。その後、住民たちは野人の肉を分け合って食べてしまった。そのとき、手足だけが食べ残され、標本にされたというのである。

標本は長いあいだ地元の中学校の倉庫に保管されていた。それが偶然発見され、全国的な話題になったのだ。

その後しばらくして、発見された標本は政府の研究機関に持ち去られた。そして標本はサルの手足であったと発表されたのである。

しかし真相は闇に包まれている。標本が本当にサルの手足だったのか非常に疑わしい。なぜなら中国政府は野人の存在を一切認めないからだ。

この話は、ほんの一例である。

ヒト型の未確認生物の目撃情報は中国各地で報告されている。その中でも特に注目すべき話を紹介しよう。

野人が生息していると言われる神農架

湖北省西部に神農架《しんのうか》と呼ばれる土地がある。

神農架は、美しい緑の山々と澄んだ自然水に恵まれた亜熱帯気候の土地である。山と谷が入り組んだ複雑な地形が広がり、開発が困難であることから、手つかずの自然環境が残され

神農架の神農像（中国のウェブサイトより）

ている。神農架は動植物の楽園なのだ。

豊かな植物相は数々の薬草を提供してくれる。神農架の名称は、医学の神である神農にちなんだもの。神農架は天然薬園（自然の薬草園）とも呼ばれる土地なのである。

その神農架には野人が生息していると言われている。

猟師らの目撃情報によると、神農架の野人は体が赤毛で覆われているという。そして三メートルを超える長身だ。直立歩行するので非常に大きく見えるそうだ。

神農架の野人は中国では非常に有名である。今までに何度も調査隊が組織され、野人の捜索が行われている。

度重なる捜索にもかかわらず、野人そ

のものはいまだに発見されていない。しかし野人が残したと思われる痕跡はいくつも発見されている。

そのひとつが野人の足跡だ。足跡は中国語で「脚印《きゃくいん》」という。中国で野人の記事を読めば、どこかに必ず脚印の文字がある。野人の脚印は人間の足跡とは明らかに違うのだ。

神農架で発見された脚印は成人男性の二倍の長さがある。野人の体格が人間よりも一回り大きいという目撃証言を裏づける発見である。これだけでも野人の存在にリアリティーが生じてくる。

また、調査隊は野人の「巣」であると思われる痕跡も発見している。さらに野人のものと思われる糞便も採取したと言われている。

間接的な証拠は積みあがっているものの、野人自体はいまだに発見されていない。野人そのものでなくても、野人の死体、野人の遺骨が発見されれば決定的な証拠になるのだが、そうしたものも発見されていない。

現在の科学技術をもってすれば、体の一部あるいは少量の体液でも発見できれば、DNA鑑定により既知の生物か未知の生物かを判定することができる。このため、神農架の山中でそれらしき毛が発見されるたびに、野人の毛髪ではないかと騒がれる事態になっている。

神農架の野人は少なくとも体毛の一部が「紅毛」であると言われている。赤い毛が発見されれば、それだけで野人の毛である可能性が高いのだ。

野人の毛ではないかと思われるサンプルは、調査隊が発見したものはもちろん、現地人が発見されたものも鑑定の対象になっている。

しかし研究所の発表によると、現在のところ、すべて既知の生物の毛である。現地住民から提供されたサンプルの中には、赤く染めた人間の毛髪も含まれていたという。

これらのＤＮＡ鑑定の結果をどう考えればよいのか。

本当に野人のＤＮＡは発見されていないのか。それとも発見されてはいるが隠蔽されているのか。この点については後に考察しよう。

調査結果を総合すれば、野人がいる可能性はあるが、今のところ決定的な証拠はないということになる。

闇に葬られた野人の足の標本

神農架には野人を研究している民間の学者がいる。

そうした学者のひとりが、神農架からはるかに離れた北京を訪れ、中国科学院に野人の足の標本を提供したことがある。

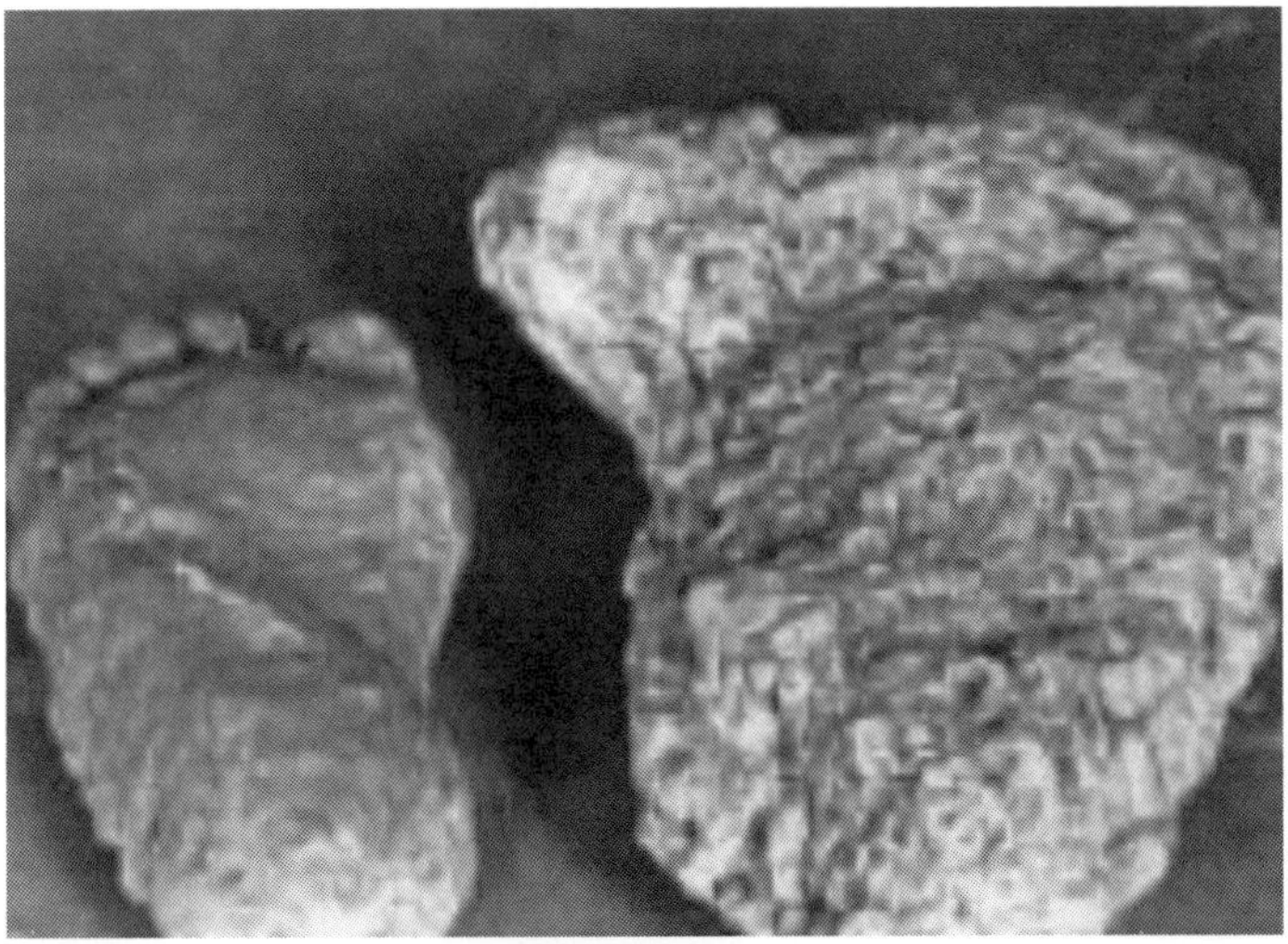

「熊の足」と鑑定された野人の足の標本（中国のウェブサイトより）

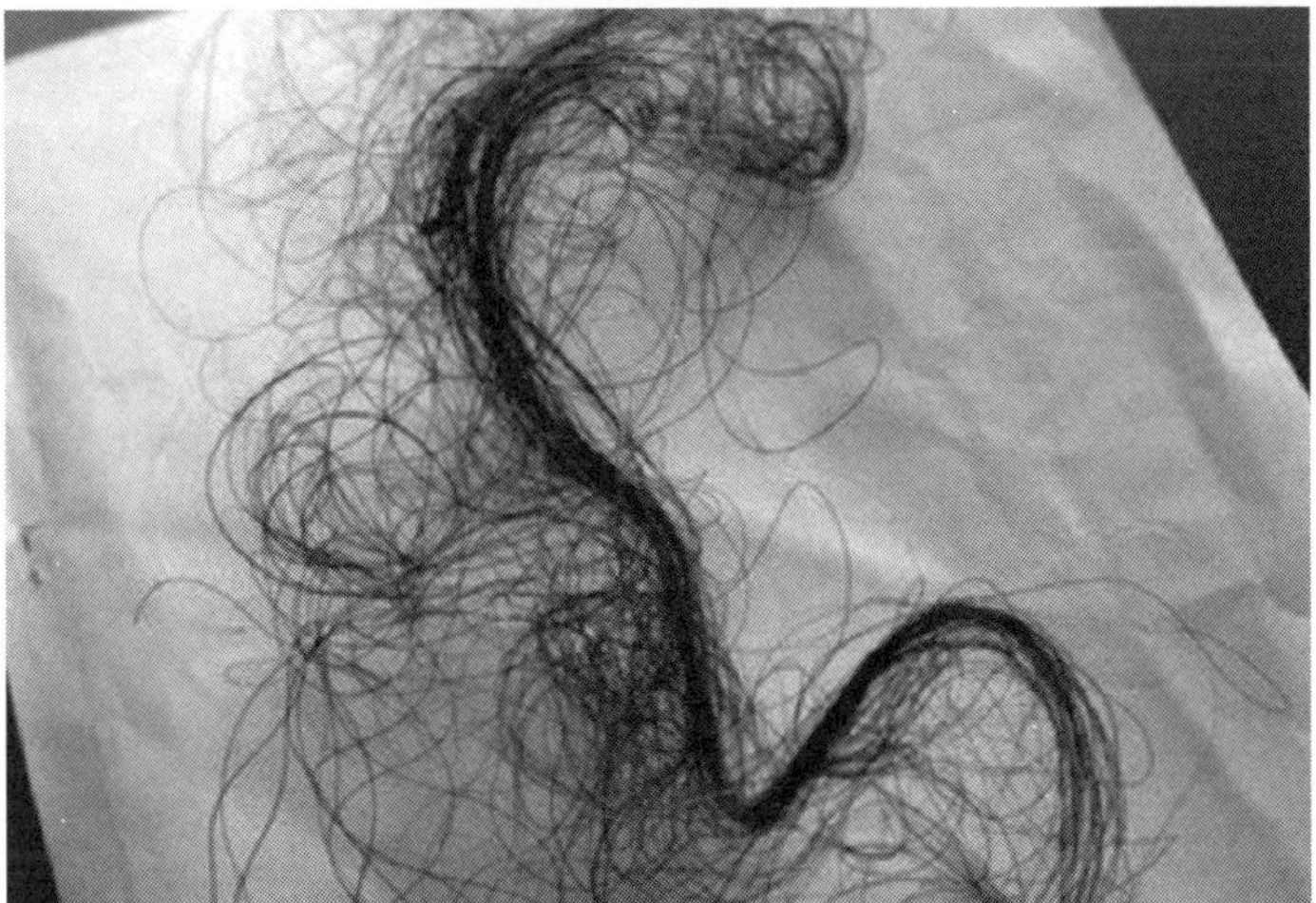

野人の毛と思われるサンプル（中国のウェブサイトより）

その標本には五本の指があり、指には爪がなかった。皮膚は黄色く、毛は少なかったという。非常に奇妙な標本だ。標本の大きさから考えると未知の生物の可能性が大きかった。神農架の一帯には、熊以外には標本の大きさと同じくらいの足を持つ動物は生息していないからだ。

しかし中国科学院の鑑定結果は意外なものであった。

この熊の足とは似ても似つかない標本を中国科学院は熊の足と鑑定したのだ。

野人の存在を決定づけるかに思われた標本も、民間学者の勘違いという結論で闇に葬られたのである。

村で「猴娃」と呼ばれていた子供

神農架では、野人の痕跡や目撃情報とはレベルの違う事件が起きている。神農架の野人が全国的に有名なのは、この事件の影響である。

それは人間と野人の混血児の発見だ。

この事件の淵源は一九五〇年代に遡る。一九五〇年代の神農架と言えば、秘境という言葉がふさわしい深山幽谷の世界であった。とりわけ事件が起きた栗子坪村《りっしへいそん》は、湖南省との境界に近い山深い土地であり、現在でも気楽に訪れることができるような土地ではない。

当時は交通手段も通信手段も限られており、神農架で起きた出来事を他の地域の人が知ることはほとんどなかった。

この村で、既婚の女性が行方不明になる事件が発生した。このとき、女性はすでに夫とのあいだに子供がいた。

行方不明になった女性は、しばらくすると村に戻ってきた。さらに数カ月が過ぎると、女性は男児を出産したのである。

女性の長男は、生まれた直後の男児を見ている。長男の証言によると、その男児は、生まれたときにはすでに、顔にも、手のひらにも、胸にも、尻にも、二センチ弱の黒い毛が生えていたという。

男児が成長するにつれて普通の人間との違いが鮮明になった。

背が高いわりに頭部が小さく、頭には縦に三本の隆起があったという。腰を曲げる独特の姿勢で歩き、動きは俊敏であった。そして季節にかかわらず服を着用しようとはしなかった。

言葉を話すことはできなかったが、喜怒哀楽の感情はあるらしく、喜ぶと片手で脚を叩き、怒ると両手で胸を叩いたそうだ。誰の目から見てもサルを想像させる仕草だ。

人間の子供として育てられたのだから当然名前があるのだが、村では「猴娃《こうあ》」と呼ばれていたという。猴娃は、サルの子という意味だが、野人の別名としても使われる言葉である。当時の村の規模は非常に小さく、全村合わせても十世帯しか生活していなかった。非常に狭いコミュニティーだから、村の中に猴娃を知らない者はいなかったが、この情報は村の外にはまったく伝わっていなかったようだ。

一九八〇年代になって初めて部外者が猴娃を目にすることになる。日本の環境省に相当する部門がカメラマンを伴って村に調査に入ったのだ。猴娃の話を耳にしたカメラマンは、二日かけて猴娃を探し出し、その姿を撮影した。

このときのビデオテープは「神農架野人初探」というタイトルを付けて中国科学院に送られた。中国科学院ではコピーを二つ作り、研究者に提供したが、このときは特に目立った研究成果は得られなかった。

いくら映像資料があっても、骨格標本や体毛など、具体的な研究対象がなければ、学者の研究は前に進まないようである。

いかにも新種の生物を思わせる骨格

一九九〇年代に入り、神農架が全国的に有名になる。

中国科学院からビデオテープのコピーを受け取っていた学者が病死したのがきっかけである。

学者の娘が遺品を整理していたときに「神農架野人初探」と題したビデオテープを発見したのだ。娘はこの資料には価値があると考え、画像をコピーして世に問おうと考えた。

この話を武漢の新聞が取り上げた結果、神農架の野人は一躍有名になったのだ。

一九九七年には猴娃の調査隊が組織され、栗子坪村を訪れた。

しかし調査隊の訪問は遅すぎた。猴娃は一九八九年にすでに病死していたのである。

この調査は全国的な注目を浴びていた。何らかの成果をあげなければならない雰囲気の中で、調査隊は遺骨入手に動いた。調査隊は猴娃の遺族を説得し、墓を掘る許可を得たのだ。埋葬されてから七年以上経過していた計算になるが、調査隊は遺骨の回収に成功し、北京に持ち帰ったのである。

猴娃の骨格は明らかに一般的な人間の骨格とは違っていた。

目立った特徴としては、頭蓋骨が非常に小さく、四肢の骨が長い。そして鎖骨がV字状になっていた。いかにも新種の生物を思わせる骨格である。

しかし鑑定結果は期待を裏切るものであった。

猴娃は人間と野人の混血でもなく、人間とサルの混血でもない。間違いなく純粋な人間で

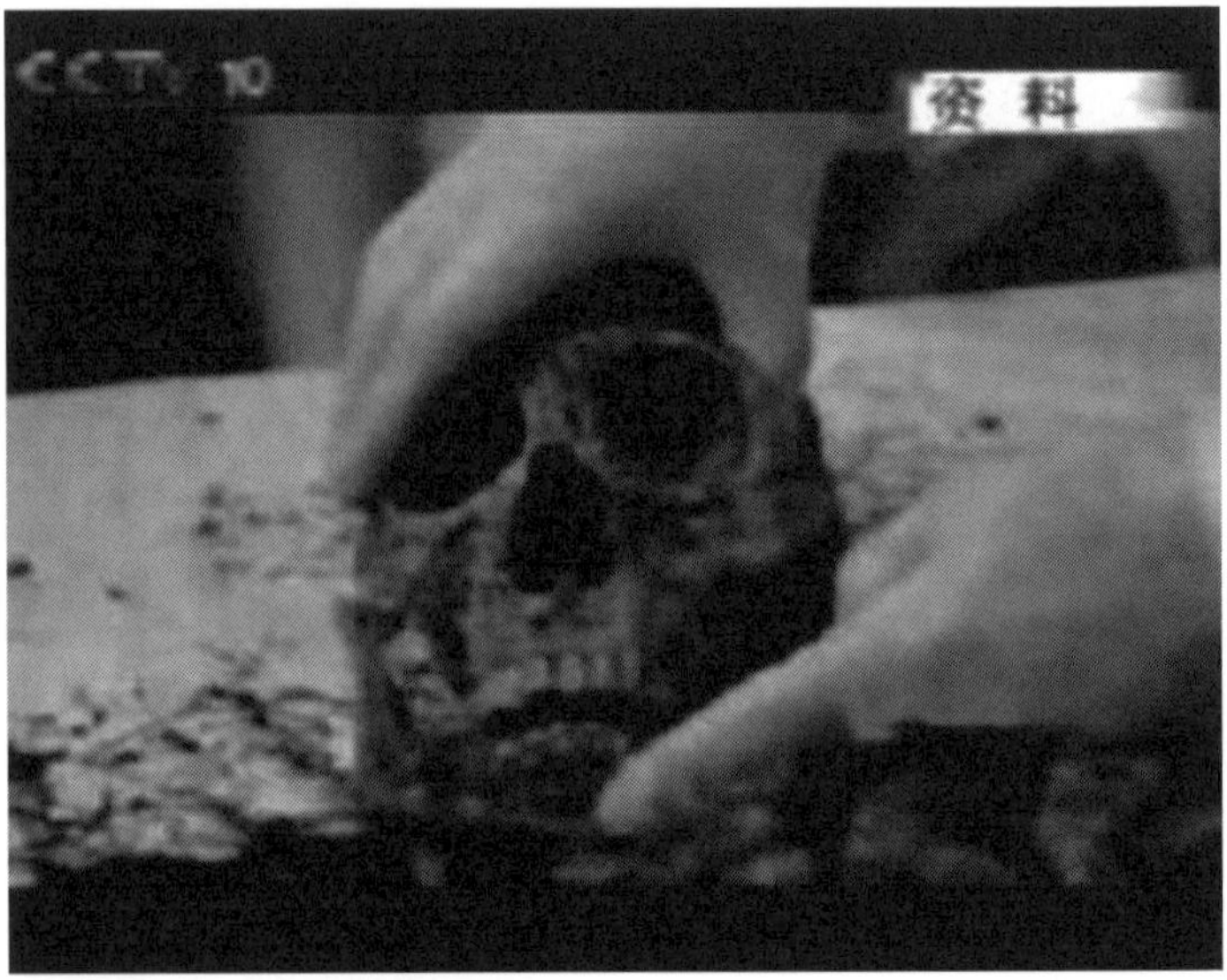

猴娃の頭骨（ＣＣＴＶの画面より）

あるというのだ。ただし「小脳症」という病気であったことから、知能の発達や全体の骨格が一般人とは違っていたというのだ。

小脳症は日本語では小頭症と言われる。たしかにこのような病気は存在する。頭部が小さく、知能の発達が遅れていた点が、小脳症の特徴と一致するのは間違いない。しかし人並み外れた身長は小脳症の一般的特徴に反する。小脳症の患者は通常は身長が低いのだ。また、四肢の骨が異様に長いことやV字状の鎖骨については明確な説明はなかった。

猴娃の遺骨の鑑定結果については大きな疑問が残るが、鑑定結果に対する表立った反論はない。

なぜなら、もしも猴娃が人間と野人の混血児であるなら、猴娃の母親がどうしてそのような子供を妊娠したのかに注目が集まってしまうからだ。これは大きな人権問題であり、誰もが猴娃の母親の過去を暴くような成り行きを望んでいないのだ。

真実はどうであれ、猴娃は一〇〇パーセント人間であるという結論は、社会が受け入れるべき円満なストーリーなのだ。

毛髪の発見にせよ、標本の発見にせよ、混血児疑惑にせよ、神農架の野人は、決定的な証拠が見つかったかと思うと、科学的に否定されるというパターンを繰り返している。

この状況が偶然に生じているのか、背景に何らかの意図が働いているのか。それについては本章の最後で再び検討しよう。

謎に包まれている青蔵鉄道周囲の土地の実情

青蔵鉄道《せいぞうてつどう》の名をご存じだろうか。

青蔵鉄道は青海省の西寧《せいねい》とチベットのラサをつなぐ総延長およそ二千キロメートルにも及ぶ高原鉄道である。

チベットは中国語で西蔵。青蔵鉄道の名は、青海省の青と西蔵の蔵にちなんでいる。

総延長約２０００キロメートルの青蔵鉄道（中国のウェブサイトより）

この鉄道は将来的にはネパールまで延長され、国際鉄道として運用される計画である。毛沢東時代に計画されたプロジェクトであるから、中国のインフラ事業の息の長さには驚かされる。

青蔵鉄道はさまざまな意味で特異な鉄道だ。とりわけ走行する土地の標高は常識外れである。最も高いポイントでは海抜五千メートルを超えている。富士山よりもはるかに高い線路を延々と走行する列車なのだ。

当然、酸素濃度は低くなる。短時間でそのような環境に移動すると、高山病を発症しかねない。それを防ぐために車両の内部には酸素を供給する設備が備わっている。車窓からの眺めは美しいが、窓ガラスを隔てた向こう側は低酸素の過酷な環境なのである。

日本国内では海抜二千メートルを超えるような土地に行くことは滅多にない。だから酸素濃度が低い土地の状況は想像しづらいだろう。

私は留学中に雲南省の高地に赴いたことがある。雲南省には標高二千メートルを超えるような土地を生活圏にしている人たちが大勢いるのだ。

彼らは環境に適応しているが、突然そのような土地に行くと早歩きをするだけで体が鉛のように重く感じられる。まして四千メートルを超える標高では、静かにしていても息苦しくなるという。

青蔵鉄道沿線の自然環境の厳しさは薄い酸素濃度だけではない。

高地の気温は一年中低い。青蔵鉄道は永久凍土《とうど》の上を走っているのだ。標高が高く空気が澄んでいるため、降り注ぐ日差しは目を焼くほどに眩《まぶ》しい。しかしその太陽光線をものともしない寒気が、広大な大地を氷に封じ込めているのだ。

低酸素と低温。そして肌を焼く紫外線。青蔵鉄道は、人間にはもちろん、動物にとっても非常に厳しい土地を走行している。

鉄道周囲の土地の実情は謎に包まれている。あまりにも環境が過酷なので、人が立ち入ることがなかったからだ。

未知の生物が生息している可能性が高い崑崙山周辺

それだけではない。その過酷な高地への入口となる崑崙《こんろん》山脈は、中国では超常現象の多発地帯として恐れられてきた。

そもそも崑崙山は中国古代神話の中で嫦娥《じょうが》が月に向かった土地であり、宇宙とのかかわりが強い土地であるとされている。

崑崙山の周辺で宇宙船の目撃情報が報告されているのは当然だが、空の超常現象としてはＵＦＯよりも有名なものがある。

それは竜だ。崑崙山では空を飛ぶ竜の目撃事件が多い。

これは風水の龍脈理論とも無関係ではないだろう。崑崙山脈は気の大動脈である龍脈の源であるとの考えがあり、そのような土地には竜が棲んでいるはずだという前提があるのだ。

最近では飛行中の竜を撮影したとされる写真がいくつも出回っている。

コンピューターの普及でフェイク写真の作成が容易になり、いかにも作り物らしき写真が多いのだが、そのせいで本物までもがフェイク扱いされている可能性も否定できない。

竜は空を飛ぶだけではない。崑崙山の水系には竜が生息しているという噂もささやかれて

宇宙とのかかわりが強い土地とされる崑崙山脈（中国のウェブサイトより）

いる。

竜のような超大型の生物が生息しているという説に対しては懐疑的な意見も多いが、つい最近まで人跡未踏の土地だっただけに、崑崙山の周辺や青蔵鉄道の沿線には、未知の生物が生息している可能性は高いと言われている。

しかも崑崙山周辺には野人の伝説が存在する。野人の情報を収集している新《しん》疆《きょう》生態学会理事長の見解によると、野人は中国各地に分布しているが、最大の種は崑崙山の野人であるという。

最も巨大な野人。それは最も危険な野人でもある。その野人が関与したとされている恐るべき事件を紹介しよう。

二人の労働者が野人に殺された怪事件の顚末

青蔵鉄道が開通する以前の二〇〇五年のことである。

江西省から青蔵鉄道の敷設工事にきていたAが地元の住民から奇妙な噂を聞いた。工事現場からそれほど遠くない谷に紅毛人《こうもうじん》が棲んでいるというのだ。

中国で紅毛人と言えば野人の代名詞である。Aは二十五歳の青年で、冒険心の強い男であった。それまでも怪物や妖怪が出るという噂を聞くと休みの日に現地を見に行くことがあったという。

紅毛人の噂を聞いたAは、同郷のCと鉄道警察官のZを誘って、紅毛人が出没するという谷を見に行くことにした。A、C、Zは普段から仲がよく、休日の遠足気分で出かけたようだ。

目的の谷は予想以上に工事現場から離れていた。歩き疲れ、空腹でもあったので、三人は谷の「探検」を始める前に、谷の中央部にあった大きな岩の上で食事をすることにした。

食事を始めた直後のことである。

突然、Cが背後から襲われた。Cにのしかかっていたのは巨大な生物であった。身長は二メートル以上あり、全身が黒い毛で覆われていた。頭部の毛だけが赤かったという。まるで頭の毛だけを赤く染めたように見えたそうだ。

顔面はネコ科の動物を思わせる容貌で、目は黄緑色に見えた。噂に聞いた怪物が襲ってきたことは間違いない。

Cの背中には怪物の鋭い爪が突き刺さっていた。

Aは怪物に石を投げてCから注意をそらそうとした。Aが意図したとおり、怪物はCを突き放し、Aに向かって近づいてきた。

AはZにCを連れて逃げるように叫んだ。二人を誘ったことに責任を感じていたのかもしれない。

Cは背中に傷を受けていたが、脚にはダメージがなかった。Aが石を投げて注意をそらしている隙に、CとZは工事現場の宿営地に逃げ帰ったのだ。Cは直ちに病院に搬送され、鉄道警察はAを助けるために部隊を組織して怪物が現れた谷に向かった。

まずCのその後をお伝えしよう。

病院で診察した医師は、傷の程度は深刻ではなかったと記録している。小さな刺し傷があるに過ぎなかったからだ。しかし、病院に搬送された時点でCの傷口は腐り始めており、Cは昏睡《こんすい》状態に陥っていた。

何らかの毒素が小さな傷から注入されていたのかもしれない。ほどなくしてCの全身はただれ、帰らぬ人となった。

では、Aを助けに向かった鉄道警察の部隊はどうなったのか。

事件が発生した谷に部隊が到着したとき、巨大な怪物はまだ現場にいたという。そこには凄惨な光景があった。怪物はAの腹を裂き、内臓を食べていたのだ。

過酷な条件下で働く者たちには強固な連帯意識が生まれていた。労働者も警察官も互いに家族のような意識を形成していたのだ。

Aを殺した怪物に対して、鉄道警察の部隊は容赦なく銃を撃った。警察官としての職務遂行ではなく、怒りにまかせた復讐である。多数の銃弾を受けた怪物の体は、原型がわからなくなるほど破壊された。血液は緑色であったという。

以上が野人により二人の労働者が殺された怪事件の顛末である。

これだけの事件が発生したのだから、怪物の死体を分析するなり、事件発生現場の周囲を調査するなりの対応があってしかるべきだ。

しかし公式には何の説明もないという。

中国政府は本当にこの事件を放置しているのか、それとも水面下で何らかの対応を行っているのか。この点については本章の最後に再び検討することにしよう。

貴州省の月亮山では野人の存在は常識

中国南部の貴州省は自然に恵まれた土地である。亜熱帯気候で湿度は高く、晴天の日が少ない。標高は比較的高く、平地は少ない。

中国では海に接していない内陸の省は「遅れた土地」と見なされがちだが、貴州省はとりわけ辺鄙《へんぴ》な土地であると認識されている。逆に言えば貴州省の大半は人間の開発で汚れていない神秘的な土地である。渓谷、鍾乳洞、原生林、奇岩。こうした風景は観光資源として注目を集めつつある。

貴州省の南部に月亮山という小さな山がある。

月亮山の周囲には急な斜面に作られた棚田が広がり、あまりにも美しい独特の風景を作り出している。棚田の斜面は非常に急なので、棚田の幅は非常に狭い。細長い棚田が等高線のように山や丘の起伏を囲んでいるのだ。

この風景を上空から撮影すると、まるで指紋のように見えることから、月亮山の棚田は「大地の指紋」と呼ばれている。

「大地の指紋」と呼ばれる月亮山の棚田（中国のウェブサイトより）

秘境とも呼ぶべきこの美しい内陸の土地には野人が生息しているという。地元の住民の多くは野人を目撃した経験があるというのだ。また近年では巨大な野人の足跡が発見されたと話題になっている。

月亮山では野人の存在は常識であり、半信半疑で興味を持つ我々とは感覚が違うようだ。

地元では野人を人熊あるいは変婆と呼んでいる。変婆という奇妙な呼び方の中に、現地人の野人に対する認識を垣間見ることができる。変婆は特殊な妖怪を意味する言葉だからである。

貴州省では若い女性の死体を土葬すると、数日後に死体が起き上がり、墓から出てくることがあると言われている。墓から出てきた女の妖怪が変婆である。

変婆になる女性には生前から兆候があるという。瞳孔が光を発するとか、手の骨に異常がある場合は、変婆になる可能性が高いというのだ。

野人を変婆と呼ぶのだから、現地の住民は野人を妖怪だと考えていることになる。

ただし、すべての野人を妖怪と考えているわけでもないようだ。野人の中には妖怪もいるが、動物もいる。

これが現地の考え方のようである。

野人の骨を持ち去った政府の当局者

月亮山の野人は単に目撃されているだけではない。

一九三〇年。まだ中華人民共和国が建国される以前の時代に驚くべき事件が発生している。六月のある日、十二名の男たちが狩りに出かけた。しばらくすると猟犬が激しく吠え始めた。獲物を発見したと喜んだ漁師たちが銃を向けると、そこには異様な怪物が直立していたという。

腰まで伸びた赤い髪。全身は黒い毛で覆われているが、顔面には毛はなく、黄色い皮膚が見える。

さらに胸が隆起していて、そこにも毛は生えていなかった。一見してメスの野人だとわかったそうだ。

獰猛《どうもう》な猟犬たちは狩猟本能で野人に襲いかかった。しかし野人は猟犬を捉え、腕の力だけで犬の体を軽々と引き裂いたという。襲いかかった十一匹の猟犬はことごとく殺されてしまった。

恐怖を感じた猟師のひとりが野人の脚に銃弾を撃ち込むと、野人はその場に倒れた。そこから先は熊を捕獲するのと同じ要領だ。猟師たちは全員で野人を取り押さえ、縄で縛って村に持ち帰ったのである。

その日のうちに野人は村人たちの腹におさまった。老人から子供までが野人の肉を食べたそうだ。

地域にもよるが、中国ではサルを食べることは意外なことではない。野人といえども、サルの延長線上の「食料」と見なされたのである。

村人たちは躊躇なく野人を食べたようだから、この事件が発生する以前にも野人を食べていた可能性は高い。

ただし野人は滅多に手に入らない獲物だったようだ。

なぜなら村人たちは野人の骨を二十年以上も保存していたからだ。野人を捕獲するのは、よほど珍しいことだったのだろう。

骨格標本があれば、野人の正体に迫ることができる。新種のサルなのか、人間の変種なのか、未知の系統に属する生物なのか。骨格は多くのデータを提供してくれる。研究者にとっては非常に重要な資料になるのだ。

しかし村に保存されていた野人の骨は、今はもうない。

一九五〇年代のことだ。つまり野人捕獲事件からおよそ二十年後である。この二十年の間に中華人民共和国が建国され、内陸部の秘境である月亮山にも中央政府の統制が及び始めていた。

あるとき、政府の「当局者」が月亮山にやってきた。なぜかその当局者は、二十年も前の野人捕獲事件を知っていたという。

そして野人の骨を提出させ、持ち去ってしまったのだ。

骨を持ち去った当局者は何者なのか、何の目的で骨を持ち去ったのか。この点についてはこの章の最後に検討することにしよう。

月亮山で起きていたさらに驚くべき事件

一九八〇年代に入ると、月亮山の一帯で野人の調査が行われるようになる。

実は月亮山の野人目撃情報は、神農架の野人目撃情報よりも多いのだ。ある研究者の報告によると、月亮山一帯では野人を目撃したことがあると答えた人の数は千人を超しているという。この数字は神農架のおよそ三倍に相当するのだ。

野人との接触も起きていて、一九八四年には、野人調査隊が、殺された野人の毛皮とされる証拠品を入手している。

この毛皮を鑑定した結果、ヒトとサルの中間的な未知の霊長類の毛髪である可能性が指摘されているのだ。

しかし、今まで紹介した事件は、まだ序章に過ぎない。月亮山ではさらに驚くべき事件が発生しているのだ。

一九九六年一月のことである。六十歳の男性が新年の準備を整えて村に帰ろうとしていた。中国では今でも旧暦の正月に新年の行事を行う。だから中国の一月の雰囲気は、日本の年末に似ている。正月を祝うために、家族が集まるのだ。普段は出稼ぎに出ている人たちも村

女野人の想像図（中国のウェブサイトより）

に戻り、賑やかさを増している。

男性が牛舎の近くに差しかかったとき、突然巨大な生物が木の陰から姿を現した。それはメスの野人だった。

男性は担いでいた荷物を投げ捨てて、川に沿って逃げ始めた。野人は男性の後を追った。

野人の足は速かったが、最初の段階で距離を稼いでいた男性は、川縁の岩の隙間に身を隠して、野人をやり過ごそうとした。

しかし野人には優れた嗅覚があるらしく、男性は野人に発見されてしまった。野人は男性の襟首をつかんで持ち上げ、草むらに引きずって行った。

付近で放牧していた牛飼いがこの一部

始終を目撃していたのだ。

男性の姿が草むらに消えてからも、野人の姿は見えていた。しばらくのあいだ男性の叫び声が聞こえていたが、その声は次第に弱くなり、ついに何も聞こえなくなった。

そして野人は去っていったという。

自分自身も襲われるのではないかと恐れていた牛飼いは、野人の姿が完全に消えてから村人を呼び、草むらに引きずり込まれた男性を見に行った。

男性はすでに死亡していた。服は引き裂かれ、全身に打撲の跡があったという。

しかしさらに奇妙なことがあった。

男性の下半身は剥き出しにされていて、露出した性器が異様に膨張していたという。

あまりにも異様な遺体であった。それを大勢の村人が目撃している。当然、男性の遺体は公安当局による検視の対象になった。

その後、公安当局は男性の死因を「激烈性虐」であると発表したのである。つまり男性は暴力的な性的虐待の結果死亡したというのだ。ただし公安当局は犯人が野人であることまでは認めていない。

月亮山の一帯では、野人の性格は穏やかであると言われているそうだ。通常は野人のほうから人間を襲うことはないという。

野人の情報を集めている中国人は、野人には発情期があり、発情期の野人は通常の精神状態ではなくなるのではないかと推測している。

否定され続けている野人の存在

野人に関する事件には不可解な点が多い。政府関連の組織が関与するたびに、野人の存在が否定され続けているのだ。

神農架の野人については、毛髪のサンプルも、足の標本も、野人のものではないとする鑑定結果が出されている。

また、野人と人間の混血児ではないかと疑われた猴娃は、小脳症の人間であると結論づけられている。

月亮山では、野人の骨という決定的な証拠が「当局者」に持ち去れ、その後の行方はわかっていない。

不可解なのはそれだけではない。

青蔵鉄道の工事現場で二人の人命が失われた事件を思い出してほしい。

あの事件は原因不明の事故死などではない。鉄道警察が部隊を編成して、労働者を殺した怪物を射殺した大事件なのだ。その後の調査が行われていないはずがない。

しかし怪物の正体についても、その後の対応についても、何も明らかにされてはいないのだ。実は、野人の存在を証明する決定的な証拠が発見されるたびに、中国政府はその証拠を握りつぶしていると言われている。

証拠隠滅の実働部隊は言うまでもなく第091気象研究所である。

月亮山の野人の骨を回収した「当局者」の正体は、第091気象研究所のメンバーであると言われている。

山奥の村に野人の骨が保存されているという情報を通信手段が乏しかった一九五〇年代に入手できたのは、中華人民共和国建国以前から張り巡らされていた第091気象研究所の情報網があったからだ。

中国政府が情報を隠蔽する理由

中国政府はなぜ野人の情報を隠しているのか。

それには深く考えられた十分な理由があると言われている。

第091気象研究所の調査によると、中国各地で入手した野人のDNAは、明らかに人類のＤＮＡとは異なるというのだ。つまり、強いて言えば野人はヒトではなくサルなのである。

しかし、これこそが大問題なのだ。

野人の存在が明らかになれば、「人間」の概念が変化してしまう可能性があるからだ。

そもそも人間とは何か。これをＤＮＡだけで説明することはできない。カエルにヒトのＤＮＡを移植しても、そのカエルを人間だとは言えないだろう。

人間の人間たるゆえんは「心」である。感情や思考と言い換えてもよい。

我々と同じような「心」を持つ生物が発見されたとき、その生物を殺したり、実験に使ったり、食べたりすることは許されるのだろうか。

野人にも我々人間と同じ権利を認めなければならない。そういう意見が出てくる可能性は大いにありうる。

そうなれば森の木は誰のものなのか、渓谷の水を人間が勝手に利用してよいのか、土地の権利は誰のものなのかなど、今まで誰も考えなかったような問題が噴出するに違いない。

また、例えば野人と人間の混血児を殺害した場合に、それは殺人罪になるのか、それとも動物を殺したことになるのか。現代の法律が予想もしていなかった問題が生じてくる。

野人の存在を公にするということは、人類全体にそういう難題を突きつける行為なのだ。

野人は中国だけではなく、ロシアにもアメリカにも生息していると言われている。しかし野人の存在を認めている国家機関は存在しない。どの国の政府も、野人の存在が明らかになったときに発生する問題の大きさを認識しているからだ。

それにしても中国の野人目撃情報はあまりにも多い。第０９１気象研究所の能力にも限界がある。特に最近の中国はネット社会になり、情報の隠蔽が困難になりつつある。

いずれ近いうちに中国各地で目撃されている野人の決定的証拠が暴露され、人類の常識が覆される日がくるかもしれない。

著者プロフィール

妙佛（みゃおふぉ）

中国情報を扱う専門ウェブサイト「中国の怪情報」の編集長。

独自の情報源と中国語能力を生かして中国情報を収集し、日本語で情報発信をしている。扱う対象は超常現象、怪奇現象、政治経済、食の話題など、中国に関するすべてである。

UFO事件、女児国、水怪、ヒト型未確認生物……

中国　封印された超常現象

隠蔽工作に関与した第091気象研究所

●

2019年10月25日　初版発行

著者／妙佛《みゃおふぉ》

装幀／中村吉則
編集／寺口雅彦（文筆堂）
DTP／伏田光宏（F's factory）

発行者／今井博揮

発行所／株式会社ナチュラルスピリット

〒101-0051 東京都千代田区神田神保町3-2　高橋ビル2階
TEL 03-6450-5938　FAX 03-6450-5978
E-mail　info@naturalspirit.co.jp
ホームページ　https://www.naturalspirit.co.jp/

印刷所／中央精版印刷株式会社

ISBN978-4-86451-319-7 C0011